pour une
ORTHOGRAPHE
FLUIDE

CM

Fichier PHOTOCOPIABLE

Fabrice RÉCHÈDE
Enseignant en CM1 et CM2

Hatier

Sommaire

Matériel photocopiable

- Grille de relecture
- Mots invariables
- Rappel (prérequis de CE2)
- Exercices
- Mémos
- Jeu Orthoréflexe : plateau, règles, cartes

Ressources en ligne

- **Les exercices corrigés** sont en téléchargeables sur www.editions-hatier.fr
- **Les mémos** sont accessibles sur le site hatier-clic : www.hatier-clic.fr/3965014
- **Des séries d'exercices supplémentaires** personnalisables en format traitement de texte (voir page 5) sont accessibles :

www.hatier-clic.fr/24ofexos01
www.hatier-clic.fr/24ofexos02
www.hatier-clic.fr/24ofexos03
www.hatier-clic.fr/24ofexos04

Vidéoprojection

Si vous avez adopté les livrets pour les élèves de votre classe :
Rendez-vous sur **educadhoc.fr** pour obtenir gratuitement la licence enseignant du livret élève. Cette version interactive du livret permet l'affichage alternatif de chaque exercice et de son corrigé.

Maquette : Sandra Fauché, Al Solo
Mise en page : Al Solo

© Hatier, Paris 2024 – ISBN : 978-2-401-10954-4

Achevé d'imprimer en Italie par L.E.G.O. S.p.A. - Lavis (TN)
Dépôt légal : 10954-4/01 - Juin 2024

PAPIER À BASE DE FIBRES CERTIFIÉES

Hatier s'engage pour l'environnement en réduisant l'empreinte carbone de ses livres. Celle de cet exemplaire est de : 1.2 kg éq. CO_2 Rendez-vous sur www.hatier-durable.fr

Introduction

Ce projet est né de ma remise en question d'enseignant.
Mon constat était le même depuis plusieurs années : mes élèves progressaient peu ou pas assez en orthographe. Leurs bases n'étaient pas assez solides pour leur permettre d'écrire correctement dans les exercices de productions d'écrits.
Ils manquaient à la fois de réflexion orthographique et d'automatismes.
De plus, les erreurs qui subsistaient dans leurs textes étaient souvent les mêmes et principalement liées à l'orthographe grammaticale. En effet, d'une manière générale, ce sont les accords qui posent problème à nos élèves.
Enseigner la maitrise des accords est devenu ma priorité au regard des attendus des programmes.
En fin de CM2, les élèves doivent à la fois maitriser :

– les accords dans les groupes nominaux simples comme enrichis ;
– les accords entre le sujet et le verbe, et cela également dans les cas plus complexes où les sujets sont multiples, inversés ou éloignés ;
– et l'accord de l'adjectif attribut avec le sujet.

J'ai ainsi conçu des outils pour **initier mes élèves au raisonnement orthographique.**
Il s'agit d'un entrainement spiralaire afin qu'ils acquièrent progressivement des automatismes mobilisables dans toutes situations : dictées, grammaire, productions d'écrits, mais aussi d'une manière plus générale, lors des activités écrites de sciences, d'histoire, de géographie…
Pour concevoir ces outils, je me suis appuyé sur la conférence de l'inspecteur de l'Éducation nationale, Patrick Luyat, chargé de la mission maitrise de la langue, intitulée « *L'orthographe et la grammaire : des outils pour mieux comprendre* », disponible sur le site de Canopé.
Ma lecture de l'ouvrage de Catherine Brissaud et Danièle Cogis, « *Comment enseigner l'orthographe aujourd'hui ?* », m'a été également très utile pour d'une part me former et d'autre part concevoir des activités et des exercices qui demandent aux élèves de véritablement raisonner et justifier leurs choix orthographiques.

Le **Livret d'entrainement pour une orthographe fluide CM** et ce **Fichier photocopiable** pour l'enseignant témoignent de ma pratique de classe.
En mettant en œuvre ces activités, j'ai constaté **de véritables progrès chez mes élèves** aussi bien en dictées qu'en productions d'écrits autonomes.
J'espère que cette démarche vous sera utile autant qu'elle l'est pour moi et mes élèves.

Fabrice Réchède

Pistes de programmation sur l'année

Voici une programmation possible, si vous avez adopté le **Livret de l'élève** et/ou ce **Fichier photocopiable**.

À noter
Avec ce **Fichier photocopiable,** à la place des révisions présentes dans le cahier, vous disposez d'une dictée par période (*cf.* p. 15-19) qui vous permet d'évaluer l'ancrage des notions.

PÉRIODE 1	PÉRIODE 2	PÉRIODE 3	PÉRIODE 4	PÉRIODE 5
Présentation du livret + petit rappel 1 séance	**5 L'accord dans le groupe nominal enrichi** 4 séances	**10 L'accord sujet-verbe : sujets collectifs** 3 séances	**15 L'accord sujet-verbe : sujets avec complément du nom** 3 séances	**20 L'accord de l'adjectif attribut** 3 séances
1 L'accord dans le groupe nominal 4 séances	**6 L'accord sujet-verbe : sujets multiples** 4 séances	**11 Les mots contenant la lettre s (non muette)** 3 séances	**16 L'accord du participe passé dans le groupe verbal** 3 séances	**21 L'accord sujet-verbe : sujet inversé ou éloigné** 3 séances
2 L'accord sujet-verbe (cas simples) 4 séances	**7 Le son [é] à la fin des noms** 4 séances	**12 Écrire le son [é] à la fin des verbes : infinitif ou participe passé ?** 3 séances	**17 Écrire les noms se terminant par le son [eur] et le son [oir]** 3 séances	**22 Choisir la bonne orthographe : leur ou leurs ?** 3 séances
3 Le pluriel des noms et des adjectifs 4 séances	**8 Choisir la bonne orthographe : es, est, ou et ? son ou sont ?** 4 séances	**13 Choisir la bonne orthographe : ce ou se ? c'est ou s'est ?** 3 séances	**18 L'accord sujet-verbe : le cas des pronoms compléments** 3 séances	**23 Choisir la bonne orthographe pour le son [é]** (RÉVISION) 2 séances
4 Choisir la bonne orthographe : a, as ou à ? on ou ont ? 4 séances	**9 Écrire les mots contenant la lettre g** 4 séances	**14 Écrire les adverbes se terminant par -ment** 3 séances	**19 Choisir la bonne orthographe : ces ou ses ?** 3 séances	**24 Les accords dans la phrase** (RÉVISION) 2 séances
► Révisons un peu (cahier de l'élève) ou ► **Dictée 1** p. 15 1 séance	► Révisons un peu (cahier de l'élève) ou ► **Dictée 2** p. 16 1 séance	► Révisons un peu (cahier de l'élève) ou ► **Dictée 3** p. 17 1 séance	► Révisons un peu (cahier de l'élève) ou ► **Dictée 4** p. 18 1 séance	► Révisons un peu (cahier de l'élève) ou ► **Dictée 5** p. 19 1 séance

Pistes pour les classes double niveau – année 1/année 2

Pour les classes à double niveau, les notions à voir peuvent être les mêmes ou une différenciation peut s'établir ainsi :

	Année 1		Année 2	
	CM1	CM2	CM1	CM2
PÉRIODE 1	Leçons 1 à 4	Leçons 1 à 4	Leçons 1 à 4	**Différencier selon les besoins des élèves :** leçons avec les CM1 ou défis d'écriture
PÉRIODE 2	Leçons 5 à 9	Leçons 5 à 9	Leçons 5 à 9	
PÉRIODE 3	Leçons 10 à 14	Leçons 10 à 14	Leçons 10 à 14	
PÉRIODE 4	Activités de consolidation	Leçons 15 à 19	Activités de consolidation	Leçons 15 à 19
PÉRIODE 5		Leçons 20 à 24		Leçons 20 à 24

Activités possibles de consolidation pour les élèves de CM1

Pour le CM1, je vous propose trois corpus d'items disponibles sous traitement de texte à télécharger et à personnaliser :

EXERCICES DE TRANSFORMATION

www.hatier-clic.fr/24ofexos1

Consigne type :

Transforme les GN suivants en remplaçant les noms noyaux par les noms entre parenthèses.

> **1) Transforme les GN suivants en remplaçant les noms noyaux par les noms entre parenthèses.**
>
> 1. une pauvre grenouille apeurée (**crapaud**)
> 2. ce grand loup agressif (**panthère**)
> 3. cette lourde caisse grise (**coffre**)
> 4. mon beau chien dressé (**jument**)
> 5. le minuscule clou rouillé (**clé**)
>
> **2) Écris ensuite ces nouveaux GN au pluriel.**

EXERCICES D'IDENTIFICATION DE LA NATURE DES MOTS

www.hatier-clic.fr/24ofexos2

Consigne type :

Écris au-dessus de chaque mot la lettre qui indique sa nature.

> **Indique au-dessus de chaque mot la lettre qui indique sa nature.**
>
> 1. son immense plante aquatique
> 2. le plombier et l'électricien
> 3. le petit train de Marquèze
> 4. Mes fils regardent le coucher de soleil.
> 5. Les jeunes garçons lisent calmement des nouvelles histoires.

EXERCICES D'IDENTIFICATION DES FONCTIONS SUJET ET VERBE

www.hatier-clic.fr/24ofexos3

Consigne type :

Souligne le verbe conjugué et entoure le sujet de chaque phrase.

> **Souligne le verbe conjugué et entoure le sujet de chaque phrase.**
>
> 1. Il observe ton travail.
> 2. Toute la classe découvrit un nouveau projet.
> 3. Tu seras peut-être sélectionné.
> 4. La lecture et l'écriture sont une passion depuis toujours.
> 5. Chaque soir, je lis quelques pages de mon roman.

On peut aussi leur proposer **des exercices d'écriture** comme l'invention de GN ou de phrases avec des contraintes grammaticales (genre et nombre des mots, sujets, temps de conjugaison...) ou encore **des exercices de saisie sur ordinateur de leurs productions d'écrits** (les petits défis d'écrivain notamment).

Activités possibles d'entrainement pour les élèves de CM2

Pour le CM2, je propose des défis d'écriture à réaliser en autonomie.
Ils permettent de mettre en application les règles apprises l'année précédente.
Les élèves doivent, bien sûr, utiliser la grille de relecture pour vérifier l'orthographe et peuvent consulter les mémos pendant les séances d'écriture ou les moments de relecture.

Petits défis d'écrivain www.hatier-clic.fr/24ofexos4

> **1) Continue le texte avec un maximum de GN.**
> Je me balade en montagne et je vois...
>
> **Défi *** : au moins 4 groupes nominaux de son choix (D+N ou D+N+A).
>
> **Défi **** : au moins 6 groupes nominaux (D+N+A) en variant leur genre et leur nombre.

> **2) Écris une liste de choses que tu aimes bien manger.**
>
> **Défi *** : au moins 4 groupes nominaux de son choix (D+N ou D+N+A).
>
> **Défi **** : au moins 6 groupes nominaux (D+N+A) en variant leur genre et leur nombre.

Quelles compétences sont travaillées ?

Dans ce **Fichier photocopiable**, comme dans le **Livret de l'élève**, ma démarche s'appuie sur un entrainement régulier de **trois compétences**.

Repérer

Pour aborder une notion, je propose tout d'abord **un exercice de repérage** à partir d'un extrait de texte (ou plus rarement d'un corpus de phrases) de littérature de jeunesse.

Cette activité **vise à repérer des régularités** qui permettront ensuite d'introduire une règle orthographique. En effet, après avoir relevé les mots ou les constituants d'une phrase demandés par la consigne, vous pouvez faire pratiquer aux élèves des observations (marques du singulier et du pluriel, par exemple) ou faire faire des classements pour aboutir à une leçon.

Dans ma classe
Cette découverte d'un extrait est motivante pour beaucoup de mes élèves. Elle donne même envie à certains de poursuivre la lecture en empruntant le livre pour le lire pendant le quart d'heure lecture, ou à la maison.

À cet effet, **dans ce Fichier**, comme dans le Livret de l'élève, un **mémo** est proposé pour chaque nouvel entrainement (voir les 22 mémos partie violette). Dans ma pratique, chaque mémo me permet de faire la synthèse de la leçon avec les élèves ; il est lu collectivement.

Pour ma part, à chaque nouvel entrainement, j'affiche le mémo dans « mon coin Français ». Au fil de l'année, je les regroupe dans un porte-clé de leçons pour une consultation autonome par les élèves (*cf.* photo).

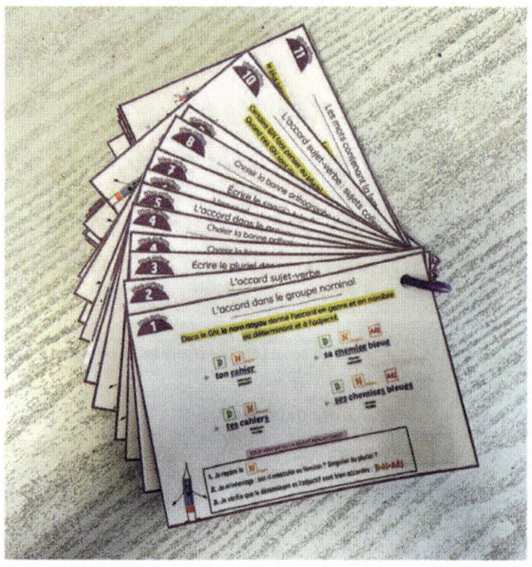

À noter
Les mémos concernant les accords reposent sur des exemples prototypiques permettant aux élèves de retenir plus facilement les règles.
La petite méthode « pour vérifier un accord » est répétée dans chaque leçon pour développer les réflexes des élèves.

Raisonner et justifier

Pourquoi est-il important de demander aux élèves de justifier leur raisonnement orthographique ? Comme l'ont montré Catherine Brissaud et Danièle Cogis, c'est extrêmement puissant pour faire progresser tous les élèves :

« L'obligation d'écrire une justification offre ainsi un triple avantage :
- elle donne un espace à la réflexion silencieuse et permet la concentration nécessaire aux apprentissages,
- elle laisse moins de place aux conduites d'évitement habituelles et limite ainsi la possibilité de ne pas s'engager dans la réflexion,
- elle constitue des traces utiles à l'enseignant pour orienter la suite de son travail. »

C. Brissaud, D. Cogis, « Comment enseigner l'orthographe aujourd'hui ? », Hatier

J'ai donc choisi de demander une justification écrite dans les **exercices 2 et 3** pour que chaque élève développe un raisonnement orthographique, car à l'oral, ce sont souvent les élèves les plus à l'aise qui s'expriment au détriment des plus fragiles.

Raisonner et justifier

2 **Entoure l'intrus de chaque liste et justifie ta réponse.**

Exemple

Liste | l'autruche • l'ours • l'écureuil • l'iguane • l'éléphant • l'escargot • l'alligator

Je justifie : Le GN est féminin singulier, les autres sont au masculin singulier.

En dehors des exercices 2 et 3, je propose d'autres activités dans la semaine pour prolonger le développement de ces compétences. Vous trouverez ces **activités supplémentaires** pages 11-12. Elles peuvent être menées, au choix, en classe entière ou en petit groupe pour les élèves qui ont besoin de prendre confiance.

Écrire

Les attendus des programmes nous disent que « *pour écrire un texte, les élèves mobilisent ce qu'ils ont précédemment appris sur la langue.* » C'est en effet, l'objectif final que je vise avec mes élèves. Pour cela, j'adopte **une démarche progressive en 3 étapes** :

1. Avec **l'exercice 4**, les élèves doivent transformer des GN ou des phrases.
2. **L'exercice 5** leur propose ensuite d'inventer des GN ou des phrases en respectant une contrainte d'écriture (nombre, genre, mots attendus...).
3. Enfin, l'entrainement se termine par un **petit défi d'écrivain**, un exercice un peu plus difficile pour certains mais souvent motivant pour tous. Il s'agit d'écrire un bref texte sur des sujets simples et proches de leur quotidien. Les élèves doivent chercher des idées et formuler des phrases en appliquant les règles apprises. Avec cet exercice final, l'entrainement prend tout son sens.
Pour consolider les réflexes acquis, je distribue une petite grille pour se corriger : **« Mon outil de relecture »**. L'utilisation du crayon à papier pour la réécriture de mots ou la vérification des accords est conseillée.
La grille à photocopier est disponible p. 21.

Dans ma classe

Lors du petit défi, je propose souvent aux élèves les plus rapides de continuer le texte sur leur cahier du jour.

Comment s'organiser ?

Il est important de prendre le temps au début de l'année afin que les élèves comprennent bien le principe et s'approprient les consignes. Certains vont plus lentement que d'autres, et les erreurs sont normales (l'erreur n'est pas un échec, c'est le début de l'apprentissage). Mais les élèves gagnent vite en autonomie, car les exercices ont des consignes récurrentes au fil des entrainements.

Une notion peut être travaillée en trois jours : l'enseignant peut prévoir trois séances dans son emploi du temps mais s'organise comme il le souhaite sur la semaine. Il y aura un certain nombre d'activités spiralaires au fil de l'année qui permettront de consolider les notions, notamment les accords d'une manière générale.

Matériel

JOUR 1 : REPÉRER — entre 30 et 40 min

Objectifs : **Identifier les constituants d'une phrase/Identifier des lettres dans un mot et la correspondance graphème-phonème en jeu**

Matériel : **Exercice 1** ▶ Livret de l'élève ou ▶ Fichier photocopiable

PHASE 1 : Distribuer le texte (et vidéoprojeter si possible, voir détail p. 2). Découverte individuelle du texte.

PHASE 2 : Faire lire la consigne, puis le texte de l'**exercice 1**. Expliciter si besoin.

PHASE 3 : Exercice réalisé individuellement par les élèves. L'enseignant peut cependant choisir de le faire avec un groupe d'élèves en difficulté.

PHASE 4 : Mise en commun pour vérifier ce qui a été repéré, puis construction d'une règle en fonction des observations faites dans le texte.

PHASE 5 : Chaque élève rédige alors sur son ardoise les conclusions du travail en répondant à la question « Qu'a-t-on appris pendant cette séance ? ». En fonction de l'écrit des élèves, l'enseignant pourra ainsi se rendre compte de leur bonne compréhension.

Matériel : **Mémo** ▶ Livret de l'élève (accessible par flashcode) ou ▶ Fichier photocopiable (partie violette)

PHASE 6 : Afficher et/ou distribuer le **mémo leçon**. Pendant cette dernière phase, pour ancrer la règle, on peut demander aux élèves d'inventer un ou plusieurs exemples supplémentaires sur le modèle des groupes ou phrases du mémo (ex. : un groupe nominal au singulier/au pluriel). Les élèves les notent alors dans un cahier dédié à l'orthographe. Pour ne pas laisser s'installer d'erreurs, la correction de l'enseignant doit être immédiate.

JOUR 2 : RAISONNER ET JUSTIFIER + ÉCRIRE — entre 30 ET 40 min

Objectif : **Raisonner et justifier ses choix orthographiques**

Matériel : **Exercices 2, 3 et 4** ▶ Livret de l'élève ou ▶ Fichier photocopiable

PHASE 1 : Distribuer les exercices 2, 3 et 4 (et vidéoprojeter si possible). La plupart des élèves pourront réaliser ces trois exercices en autonomie.

Exercice 2 : Un exemple est donné aux élèves les premières semaines. Il est intéressant de l'expliciter avec eux pour s'assurer qu'ils comprennent bien l'attendu.

Exercice 3 : Insister lors de sa lecture sur la double consigne.

Exercice 4 : Lire la consigne et laisser les élèves en autonomie.

Différenciation

Plusieurs pistes sont envisageables :

- Le mémo peut être autorisé aux élèves si besoin.
- Étayage à l'oral pour aider ou rappeler aux élèves la justification.
- Travail avec un petit groupe d'élèves.
- Pour les plus à l'aise, l'autocorrection peut être fournie.

Matériel

Corrigés à télécharger sur www.editions-hatier.fr

PHASE 2 : Corriger les exercices.
Je pratique, selon l'avancement général, deux modalités :
– la correction immédiate grâce à l'autocorrection ou en binôme par comparaison ;
– la correction différée en visant chaque cahier moi-même en fin de journée.
Je prévois un petit temps (environ 15 min) le lendemain pour revenir sur les corrections uniquement avec les élèves qui en ont besoin.

À noter Lors de la correction, il est important de **vérifier la justification des choix orthographiques**. Elle pourra être complétée à l'oral avec les élèves qui ont plus de difficultés à l'écrit.

JOUR 3 : ÉCRIRE

entre 30 et 40 min

Objectif : **Écrire sous contrainte sans erreurs**

Exercice 5 et **défi**
▶ Livret de l'élève
ou
▶ Fichier photocopiable

PHASE 1 : Distribuer l'exercice 5 (et vidéoprojeter si possible).
Exercice 5 : Bien insister sur les contraintes demandées pour inventer les GN ou les phrases.

PHASE 2 : Corriger l'exercice par binôme d'élèves.

Différenciation
On peut limiter le nombre de phrases à écrire pour les moins rapides ou rajouter des contraintes pour les plus à l'aise comme le temps de la phrase ou la composition des sujets.

PHASE 3 : Lancer le **petit défi d'écrivain** par un oral de cadrage (environ 10 min) pour expliciter l'attendu et noter des idées au tableau si besoin.

« Mon outil de relecture » p. 21

Distribuer **la petite grille de relecture** aux élèves quand ils ont terminé pour les aider à organiser leur relecture. La relecture peut également se faire en binôme.

PHASE 4 : Correction individuelle par l'enseignant. Le lendemain, il est important de prévoir un retour explicite aux élèves les plus fragiles.

Prolongements possibles
- Lecture de son texte à voix haute à un ou plusieurs camarades.
- Copie du texte en le mettant en valeur (sur papier de couleur par exemple).
- Saisie de son texte sur un logiciel de traitement de texte.

Au bout de quelques semaines, comme les élèves sont plus habitués, il est possible de s'organiser ainsi :

SÉANCE 1 : EXERCICES 1 et 2 en collectif et autonomie pour la fin du 2.

SÉANCE 2 : EXERCICES 3, 4 ET 5 en autonomie.

SÉANCE 3 : ORAL DE CADRAGE (10 min) puis environ 20 min d'ÉCRITURE en autonomie.

Activités complémentaires

En complément de l'entrainement, je propose à mes élèves des **rituels**, des **exercices** à faire en petit groupe ou des **jeux**. Menées en classe entière ou en petit groupe, ces activités visent à développer et consolider le raisonnement et les réflexes orthographiques de tous les élèves.

Activités pour entrainer au repérage

Le repérage des constituants d'une phrase est primordial, car s'il n'est pas maitrisé, les élèves ne font pas les accords (ou pas correctement).

TRI DE MOTS SELON LA NATURE

C'est une activité classique qui peut se mener en binôme notamment. Elle complète un travail sur des champs lexicaux à l'occasion d'une séance de vocabulaire.

1. Proposer une liste de mots aux élèves.
2. Leur demander de les trier selon la nature.
3. Les laisser confronter leur classement.
4. Corriger en classe entière.

LA PHRASE DU JOUR

Cette activité peut se faire en classe entière dès le début d'année. L'exercice peut être ritualisé (tous les jours au départ puis petit à petit une fois par semaine) et doit être évolutif au fil des semaines en fonction des notions travaillées. La manipulation systématique d'étiquettes (sujet, verbe, nom, déterminant, adjectif… ; voir les étiquettes-pictos en fin de Fichier) contribue au rebrassage et donc à l'acquisition d'automatismes chez les élèves. Il est toujours important de faire justifier les accords à l'oral.

1. Dicter une phrase aux élèves qu'ils peuvent écrire sur un cahier ou sur l'ardoise.
2. Leur demander de repérer : le sujet et le verbe (à écrire au-dessus) puis la nature de chaque mot (à écrire au-dessous).
3. Corriger l'exercice au tableau. On peut le faire soi-même ou faire venir des élèves au tableau. Par exemple, un élève écrit la phrase, d'autres élèves viennent placer les étiquettes pour identifier les constituants ; un élève justifie à l'oral l'accord du sujet et du verbe.

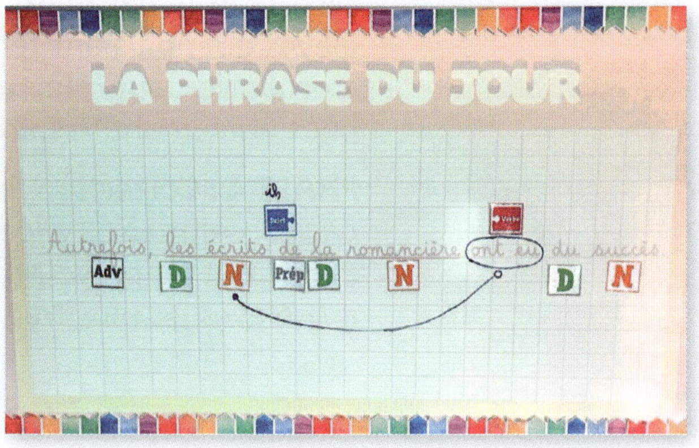

LA CHASSE AUX NOMS

La même activité peut, bien entendu, se mener avec des GN, des verbes, des sujets, des adjectifs, des noms au pluriel… Cet exercice peut être proposé en classe entière, mais il est aussi très approprié en remédiation pour les élèves qui peinent à identifier les constituants d'une phrase simple.

1. Afficher un petit texte au tableau et demander aux élèves de repérer tous les noms en les entourant.
2. Mettre en commun : chaque élève doit justifier sa réponse.

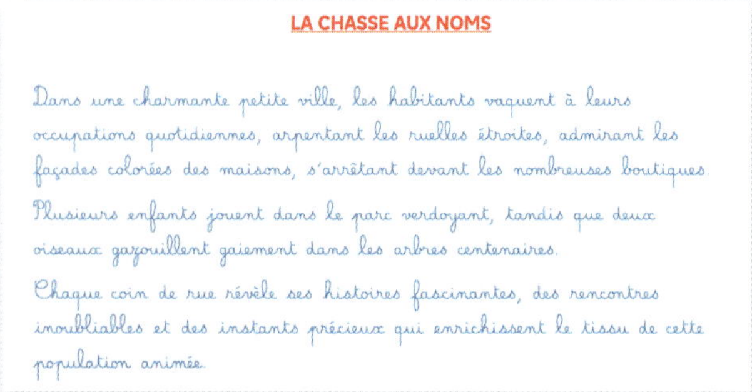
LA CHASSE AUX NOMS

Dans une charmante petite ville, les habitants vaquent à leurs occupations quotidiennes, arpentant les ruelles étroites, admirant les façades colorées des maisons, s'arrêtant devant les nombreuses boutiques.

Plusieurs enfants jouent dans le parc verdoyant, tandis que deux oiseaux gazouillent gaiement dans les arbres centenaires.

Chaque coin de rue révèle ses histoires fascinantes, des rencontres inoubliables et des instants précieux qui enrichissent le tissu de cette population animée.

REPÉRAGE DANS UN TEXTE LU OU ÉTUDIÉ EN CLASSE

Pour faire du lien avec la lecture ou l'écriture, on peut également proposer aux élèves de repérer des constituants dans un texte lu en classe ou dans leurs propres textes après une production d'écrits.

Activités pour raisonner et justifier

Toutes les activités de grammaire et d'orthographe sont propices pour mener ce type d'entrainement. Que ce soit à l'oral ou à l'écrit, je demande systématiquement aux élèves de justifier leurs choix.

LE JEU « NT/NT BARRÉ »

Pour consolider l'accord sujet-verbe des verbes du premier groupe à la 3e personne du singulier et du pluriel, je propose un petit jeu aux élèves, notamment les plus fragiles. Ils doivent manipuler des jetons qui indiquent le pluriel d'un verbe (jeton nt) ou l'absence de pluriel (jeton nt barré), en verbalisant (par exemple, « le sujet est au pluriel, le verbe est au pluriel »). La pratique de ce jeu m'a été inspirée par ce que proposent C. Brissaud et D. Cogis dans « *Comment enseigner l'orthographe aujourd'hui ?* », Hatier.

1. Distribuer un jeton **NT** et un jeton **NT barré** à chaque élève.
2. Donner oralement (ou à l'écrit) un sujet aux élèves. Ils doivent penser à un verbe qui pourrait aller avec ce sujet.
3. Si le verbe est au singulier, les élèves lèvent (ou posent) le jeton **NT barré** ; si le verbe est au pluriel, ils lèvent (ou posent) le jeton **NT**, en justifiant leur choix à l'oral.

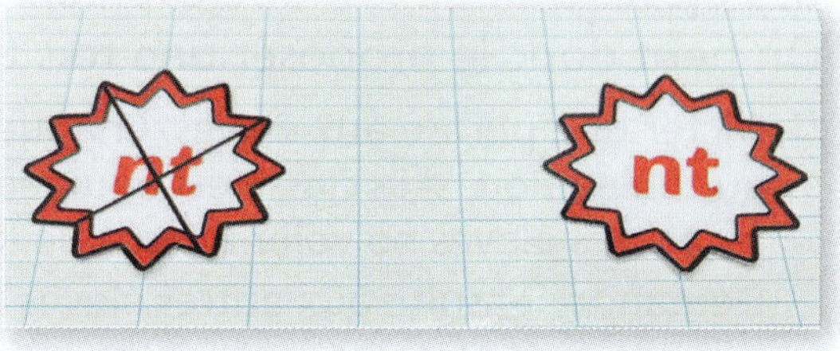

LE REMUE-MÉNINGES MATINAL

Ce dispositif est un entrainement bref quotidien (environ dix minutes) ayant pour objectif la consolidation des notions orthographiques en cours d'acquisition. J'ai emprunté le nom et le principe à C. Brissaud, D. Cogis, « *Comment enseigner l'orthographe aujourd'hui ?* », Hatier.

J'ai l'habitude de proposer ce remue-méninges en classe entière, chaque matin à partir de la période 2, quand les élèves se sont bien appropriés la démarche de raisonnement et de justification orthographique mise en place en début d'année. Je prépare mon diaporama en début de période sur des notions déjà abordées pour renforcer leur entrainement. Ce rebrassage permet un meilleur ancrage de chaque notion pour tous les élèves.

Selon ma programmation, je varie les exercices autour de cinq types d'activités qui requièrent des choix orthographiques à justifier :

- des exercices de classement collectif (mots ou phrases) ;
- des devinettes orthographiques ;
- des exercices de transformation de phrases ;
- des exercices où l'on doit compléter avec des sujets ou avec des verbes parmi un corpus ;
- des exercices de création de phrases avec contrainte.

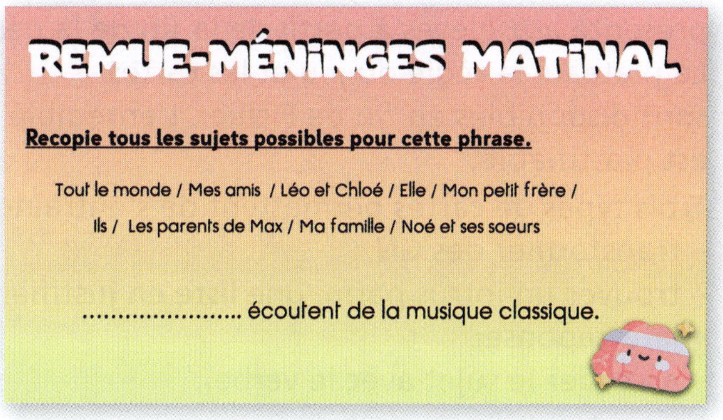

CRÉER UNE LISTE AVEC UN INTRUS POUR LES COPAINS

La première fois que j'ai proposé cette activité, ça été un succès ! Elle conjugue deux types de compétences : produire un écrit sous contrainte et raisonner et justifier le choix de l'intrus. Cette activité se mène en petit groupe.

1. Demander à un élève d'aller dans le couloir en attendant que les autres inventent une liste contenant un intrus.
2. Choisir avec les élèves un critère orthographique (par exemple, les GN au féminin) puis un champ lexical (par exemple, les animaux) et un déterminant. Leur demander d'inventer chacun un GN qui correspond aux critères choisis.
3. Se mettre d'accord sur un intrus (au masculin) et sur sa position dans la liste.
4. Rappeler l'élève dans le couloir qui doit trouver l'intrus et justifier sa réponse. Une fois qu'il l'a trouvé, il choisit à son tour un camarade qui doit aller attendre dans le couloir pour une nouvelle création de liste.

Exemple d'une liste créée par mes élèves ▶

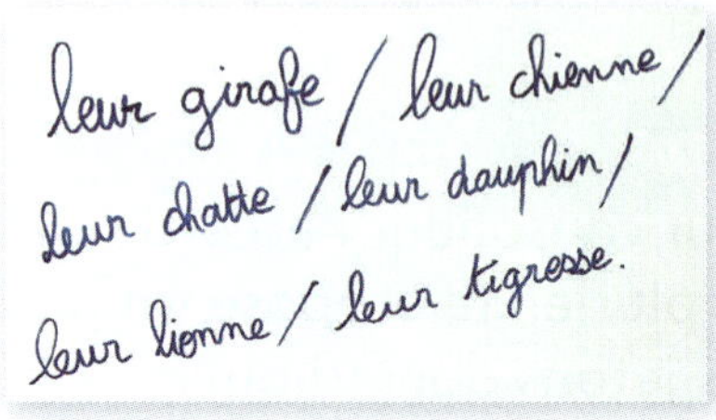

LA PHRASE DICTÉE DU JOUR

Cette activité se mène en classe entière et permet de confronter les choix orthographiques des élèves afin de les faire évoluer. C'est un dispositif très intéressant mais chronophage. On peut donc le proposer une fois tous les quinze jours par exemple.

1. Dicter une phrase aux élèves. Chaque élève écrit cette phrase sur son ardoise pendant qu'un autre l'écrit au tableau ou, si la classe est équipée, sur l'ordinateur (nécessité de geler l'écran pour éviter que les autres élèves ne voient l'écrit de leur camarade) pour vidéoprojeter ensuite.
2. Demander ensuite aux autres élèves s'ils ont écrit certains mots d'une autre façon. Toutes les graphies d'un même mot sont collectées au tableau en colonne, de façon à faire apparaitre les différences.
3. Donner la parole aux élèves afin qu'ils argumentent puis retenir la bonne graphie une fois que tous les élèves sont d'accord.
4. En fin de séance, demander aux élèves de recopier la phrase correctement orthographiée dans un cahier ou sur l'ardoise.

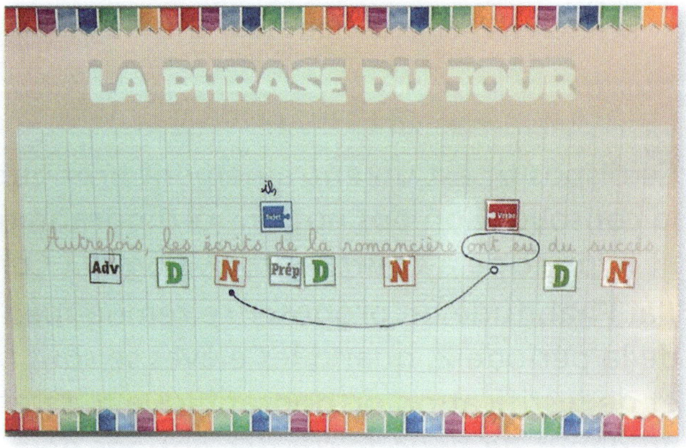

LE JEU ORTHORÉFLEXE

Pour consolider les réflexes orthographiques, je propose aussi le jeu Orthoréflexe qui peut être présenté aux élèves à partir de la fin de la période 2.

Le plateau, la règle du jeu et les cartes sont disponibles en fin de Fichier. L'ensemble est plastifiable.

Trois types de cartes permettent de s'entrainer à :

- transformer des GN,
- trouver un intrus parmi une liste en justifiant leur réponse,
- accorder le sujet avec le verbe.

Les cartes du jeu sont à donner au fur et à mesure en fonction des entrainements effectués.

Activités pour écrire

INVENTER UNE PHRASE AVEC CONTRAINTE

Régulièrement, je propose à mes élèves un sujet supplémentaire d'écriture rapide pour réinvestir ce qui a déjà été fait quelques jours ou semaines auparavant. Et quand j'annonce que leur phrase va être affichée dans le coin écriture de la classe, la motivation est grande. La collecte de ces phrases peut servir plus tard pour disposer d'un corpus à manipuler et aborder d'autres notions (conjugaison, complément du nom...). Mes élèves sont souvent fiers que leurs écrits soient un support pour un exercice différent.

1. Donner une contrainte d'écriture aux élèves.
   Par exemple : **« Invente sur ton ardoise une phrase avec le maximum de mots contenant la lettre g. »**
   Préciser que la phrase doit avoir du sens.
2. Corriger la phrase de chaque élève.
3. Demander aux élèves de la recopier sur du papier de couleur pour l'afficher sur un mur de la classe.

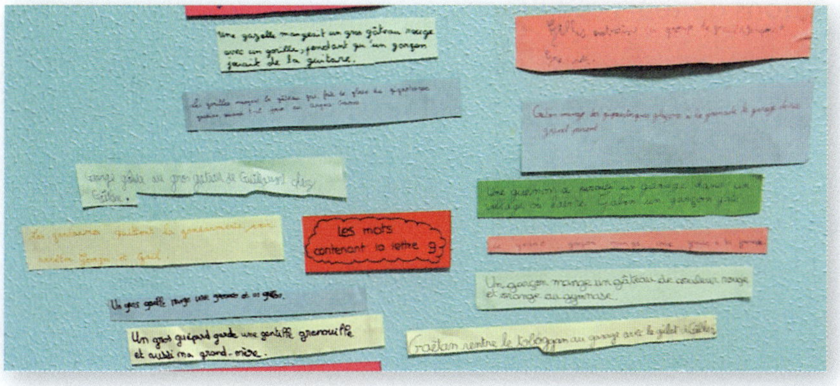

SAISIR SES PHRASES OU SES TEXTES SUR UN LOGICIEL DE TRAITEMENT DE TEXTE

Cette activité peut être proposée pour les élèves les plus à l'aise pendant que l'enseignant travaille avec un petit groupe sur une notion à revoir par exemple.

DES DICTÉES POUR ÉVALUER

Afin d'évaluer les progrès des élèves et d'identifier les notions qui ne sont pas encore maitrisées, je propose une dictée à la fin de chaque période. J'ai conçu des textes proches du quotidien de la classe avec un vocabulaire relativement courant pour ne pas piéger mes élèves.

En fonction du niveau de mes élèves, je prévois deux longueurs de texte.

Les dictées se trouvent p. 15 à 19.

Calcul du score

Je calcule le pourcentage de réussite de chaque élève ainsi :

nombre de mots correctement écrits divisé par le nombre total de mots évalués x 100.

Si un élève dépasse 95 % au niveau 1, je lui propose le niveau 2 à la suivante.

Le tableau avec les critères d'évaluation permet d'observer les items qui posent le plus de difficultés aux élèves et de mettre en place des activités ciblées pour y remédier.

Pistes de remédiation

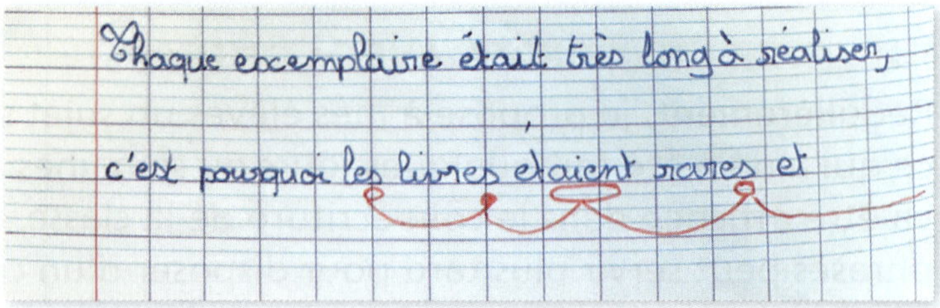

- Si des élèves ont des difficultés à accorder le sujet et le verbe, on peut leur proposer d'abord de tracer les balles d'accord lors de la phase de relecture, mais aussi le jeu du NT et NT barré.
- Si des élèves ont des difficultés à accorder les différents constituants du GN, on peut leur proposer des exercices de repérage du nom noyau, de la chasse aux adjectifs…
- Si des élèves ont des difficultés à choisir la bonne orthographe pour les homophones, on peut leur proposer des exercices où il faut indiquer la nature des mots. L'utilisation des mémos correspondant à ces items quand les élèves écrivent de manière autonome peut aussi être une aide possible.
- La remédiation peut aussi se faire par le jeu : en effet, jouer à orthoreflexe en petits groupes a permis à certains de mes élèves de progresser en développant davantage leur réflexion à l'écoute des justifications de leurs camarades.

1 Dictée

Nos balades en forêt

COMPÉTENCES ÉVALUÉES
- Accorder les éléments d'un groupe nominal.
- Écrire correctement le pluriel des noms et des adjectifs.
- Accorder le sujet et le verbe.
- Choisir la bonne orthographe des homophones.
- Écrire correctement des mots invariables.

Niveau jaune ▶ 84 mots

Quand je pars en balade avec mes filles, nous passons par la forêt. En automne, l'endroit est à la fois magique et merveilleux. Cette promenade est calme et reposante. On a souvent la chance de croiser des animaux : des lapins, des oiseaux joyeux, des papillons colorés et même quelques biches sauvages. Au sol, les feuilles mortes ont de jolies couleurs. Parfois, on rapporte, avec mes enfants, des petits trésors cachés : de jolis cailloux, des branches tordues, plusieurs glands et des champignons à manger.

Niveau vert ▶ 84 + 36 soit 120 mots

Dans la forêt, on fait aussi des rencontres inattendues. Certains arbres cachent des hiboux ou des écureuils malicieux. Les bruits font peur, mais cette forêt enchantée murmure des secrets que seuls les petits curieux peuvent entendre.

Niveau jaune (84 mots)			
Accords dans les GN pluriels correctement réalisés	Accords sujet-verbe correctement réalisés	Homophones correctement écrits	Mots invariables correctement écrits
…… / 14	…… / 7	a / à ▶ …… / 3 on / ont ▶ …… / 3	…… / 6

Niveau vert (120 mots)			
Accords dans les GN pluriels correctement réalisés	Accords sujet-verbe correctement réalisés	Homophones correctement écrits	Mots invariables correctement écrits
…… / 21	…… / 12	a / à ▶ …… / 3 on / ont ▶ …… / 4	…… / 9

2 Dictée

L'hiver glacial

COMPÉTENCES ÉVALUÉES
- Accorder les éléments d'un groupe nominal étendu
- Accorder le sujet et le verbe (sujets multiples)
- Choisir la bonne orthographe des homophones
- Écrire correctement des mots invariables.

Niveau jaune ▶ **86 mots**

Dans le froid glacial de l'hiver, des gros flocons tombaient du ciel. La neige recouvrait alors le sol. Un enfant **et son** père jouaient dehors. Le jeune garçon lançait des boules de neige sur des troncs d'arbre. Les branches givrées des pommiers brillaient **à** la lumière du jour.
Ici, quand le vent souffle fort, le bélier **et** les agneaux du pré voisin se réfugient sous la grange. Pendant les longues nuits d'hiver, ils y trouvent un peu de chaleur **et** de confort. Décembre **est** si froid.

Niveau vert ▶ **86 + 45 soit 131 mots**

Au loin, les montagnes enneigées **sont** d'une telle beauté que j'oublie la température glaciale. Il **est** seize heures, je marche depuis longtemps. **À** la tombée du soir, je me dirige vers une maison éclairée. Un homme **et son** fils chaudement vêtus sortent au même moment.

Niveau jaune (86 mots)			
Accords dans les GN pluriels correctement réalisés	Accords sujet-verbe correctement réalisés	Homophones correctement écrits	Mots invariables correctement écrits
…… / 6	…… / 9	et / est ▶ …… / 4 son ▶ …… / 1 à ▶ …… / 1	…… / 8

Niveau vert (131 mots)			
Accords dans les GN pluriels correctement réalisés	Accords sujet-verbe correctement réalisés	Homophones correctement écrits	Mots invariables correctement écrits
…… / 9	…… / 15	et / est ▶ …… / 6 son / sont ▶ …… / 3 à ▶ …… / 2	…… / 11

3 Dictée

Le voyage scolaire

COMPÉTENCES ÉVALUÉES
- Accorder les éléments d'un groupe nominal étendu
- Accorder le sujet et le verbe (sujets collectifs)
- Écrire correctement le son **é** à la fin des verbes.
- Choisir la bonne orthographe des homophones.
- Écrire correctement des mots invariables.

Niveau jaune ▶ **81 mots**

Au printemps, toute la classe **a** fait un voyage scolaire de trois jours. Les élèves **ont** eu la chance de visit**er** une ferme pédagogique. Un premier groupe devait regard**er** attentivement les fleurs pendant qu'un autre groupe s'occupait des animaux. Plusieurs élèves **ont** réussi **à** photographi**er** de jolies fleurs. Ensuite, tout le monde **s'est** mis **à** dessin**er** le paysage.
Durant la pause, **on a** écouté les oiseaux chant**er** joyeusement. **Ce** court moment a permis de **se** repos**er**. La campagne, **c'est** paisible !

Niveau vert ▶ **81 + 41 soit 122 mots**

Le lendemain, en bus, nous sommes all**és** visit**er** le musée de la gourmandise.
À la fin de la visite, tout le monde **s'est** acheté des bonbons. Enfin, le dernier jour, nous avons longuement exploré un château. **Ce** séjour était mémorable !

Niveau jaune (81 mots)				
Accords dans les GN pluriels correctement réalisés	**Accords sujet-verbe correctement réalisés**	**Homophones correctement écrits**	**Le son [é] à la fin des verbes**	**Mots invariables correctement écrits** dont adverbes en -ment
...... / 7	...... / 9	a / à ▶ ...... / 5 ce / se ▶ ...... / 2 c'est / s'est ▶ ...... / 2 on / ont ▶ ...... / 3	er ▶ ...... / 6 é ▶ ...... / 1	...... / 5

Niveau vert (122 mots)				
Accords dans les GN pluriels correctement réalisés	**Accords sujet-verbe correctement réalisés**	**Homophones correctement écrits**	**Le son [é] à la fin des verbes**	**Mots invariables correctement écrits** dont adverbes en -ment
...... / 8	...... / 13	a / à ▶ ...... / 6 ce / se ▶ ...... / 3 c'est / s'est ▶ ...... / 3 on / ont ▶ ...... / 3	er ▶ ...... / 7 é ▶ ...... / 3 és ▶ ...... / 1	...... / 7

4 Dictée

Un projet citoyen

COMPÉTENCES ÉVALUÉES
- Accorder les éléments d'un groupe nominal étendu
- Accorder le sujet et le verbe (sujets avec complément du nom et avec pronom complément)
- Accorder le participe passé
- Choisir la bonne orthographe des homophones.
- Écrire correctement des mots invariables.

Niveau jaune ▶ **85 mots**

Aujourd'hui, nous avons reçu des visiteurs en classe. Deux membres d'une association sont venus nous parler de la pollution des mers et des océans. **Ces** anciens surfeurs nous **ont** montré des photos de plages avec malheureusement beaucoup de déchets ! Cette intervention avait pour objectif de souligner l'importance de prendre soin de notre environnement. Puis, le responsable de l'association nous **a** proposé d'aller nettoyer la plage de **ses** déchets. La semaine prochaine, pendant deux jours, tous les élèves de l'école participeront **à** un chantier citoyen.

Niveau vert ▶ **85 + 35 soit 120 mots**

Ces deux jours resteront dans nos mémoires. Du matin au soir, nous avons ramassé des centaines d'ordures. Maintenant, quand **on** ira **à** la plage en famille, tout le monde sera plus respectueux de la nature.

Niveau jaune (85 mots)				
Accords dans les GN pluriels correctement réalisés	Accords sujet-verbe correctement réalisés	Homophones correctement écrits	Accords corrects du participe passé	Mots invariables correctement écrits dont adverbes en -ment
…… / 11	…… / 6	a / à ▶ …… / 2 ces / ses ▶ …… / 2 ont ▶ …… / 1	…… / 4	…… / 6

Niveau vert (120 mots)				
Accords dans les GN pluriels correctement réalisés	Accords sujet-verbe correctement réalisés	Homophones correctement écrits	Accords corrects du participe passé	Mots invariables correctement écrits dont adverbes en -ment
…… / 14	…… / 10	a / à ▶ …… / 3 ces / ses ▶ …… / 3 on / ont ▶ …… / 2	…… / 5	…… / 9

5 Dictée

La fin de l'année

COMPÉTENCES ÉVALUÉES
- Accorder les éléments d'un groupe nominal étendu
- Accorder le sujet et le verbe (sujets inversé ou éloigné)
- Accorder l'adjectif attribut
- Choisir la bonne orthographe des homophones.
- Écrire correctement des mots invariables.

Niveau jaune ▶ **89 mots**

La fin de l'année scolaire approche. Les enfants sont **impatients** et comptent les jours jusqu'aux vacances d'été. Les salles de classe sont encore **décorées** de dessins originaux. Au fil des mois, les élèves, grâce **à leurs** efforts, ont nettement progressé. Chaque jour, les activités en classe ont été à la fois **variées** et **ludiques**. Pour **leur** dernière semaine de classe, les élèves iront faire classe dehors l'après-midi. À l'ombre des arbres fleuris, travailleront plusieurs camarades sur **leur** exposé. Les enseignants en profiteront aussi pour donner **leurs** derniers conseils.

Niveau vert ▶ **89 + 47 soit 136 mots**

Pour les plus grands, avant leur entrée au collège, **ce** sera le moment de dire au revoir **à leurs** amis et de remercier **leurs** enseignants. Les enfants de CM1 seront normalement **ravis** de faire **leur** CM2 dans la même école.
Et toi, aimes-tu la fin de l'année scolaire ?

Niveau jaune (89 mots)				
Accords dans les GN pluriels correctement réalisés	Accords sujet-verbe correctement réalisés	Homophones correctement écrits	Accords corrects de l'adjectif attribut	Mots invariables correctement écrits dont adverbes en -ment
...... / 14	...... / 9	leur / leurs ▶ ...... / 4	...... / 4	...... / 6

Niveau vert (136 mots)				
Accords dans les GN pluriels correctement réalisés	Accords sujet-verbe correctement réalisés	Homophones correctement écrits	Accords corrects de l'adjectif attribut	Mots invariables correctement écrits dont adverbes en -ment
...... / 18	...... / 12	leur / leurs ▶ ...... / 7	...... / 5	...... / 10

Mots invariables et expressions utiles

Quand tu as appris plusieurs listes, demande à un camarade de te dicter des mots dans le désordre. Il colorie un carré :
– en orange quand tu n'as pas correctement écrit le mot,
– en vert quand tu l'as écrit sans erreurs.

Liste 1
- dan**s** ☐☐☐☐
- dedan**s** ☐☐☐☐
- dehor**s** ☐☐☐☐
- dessou**s** ☐☐☐☐
- dessu**s** ☐☐☐☐
- sou**s** ☐☐☐☐

Liste 2
- aussi ☐☐☐☐
- avec ☐☐☐☐
- beaucoup ☐☐☐☐
- derrière ☐☐☐☐
- peut-être ☐☐☐☐
- quand ☐☐☐☐

Liste 3
- ailleur**s** ☐☐☐☐
- alor**s** ☐☐☐☐
- depui**s** ☐☐☐☐
- longtemp**s** ☐☐☐☐
- lor**s** ☐☐☐☐
- pui**s** ☐☐☐☐
- ver**s** ☐☐☐☐

Liste 4
- autrem**ent** ☐☐☐☐
- comm**ent** ☐☐☐☐
- notamm**ent** ☐☐☐☐
- souv**ent** ☐☐☐☐
- vraim**ent** ☐☐☐☐

Liste 5
- autre**fois** ☐☐☐☐
- par**fois** ☐☐☐☐
- quelque**fois** ☐☐☐☐
- toute**fois** ☐☐☐☐

Liste 6
- désor**mais** ☐☐☐☐
- ja**mais** ☐☐☐☐
- **mais** ☐☐☐☐

Liste 7
- moin**s** ☐☐☐☐
- plu**s** ☐☐☐☐
- san**s** ☐☐☐☐
- toujour**s** ☐☐☐☐

Liste 8
- **ain**si ☐☐☐☐
- dem**ain** ☐☐☐☐
- m**ain**tenant ☐☐☐☐
- soud**ain** ☐☐☐☐

Liste 9
- à l'**en**droit ☐☐☐☐
- à l'**en**vers ☐☐☐☐
- **en**core ☐☐☐☐
- **en**fin ☐☐☐☐
- **en**suite ☐☐☐☐

Liste 10
- av**ant** ☐☐☐☐
- auparav**ant** ☐☐☐☐
- cepend**ant** ☐☐☐☐
- dev**ant** ☐☐☐☐
- pend**ant** ☐☐☐☐

Liste 11
- aujourd'**hui** ☐☐☐☐
- en **haut** ☐☐☐☐
- **h**élas ☐☐☐☐
- **h**ier ☐☐☐☐

Liste 12
- apr**ès** ☐☐☐☐
- aupr**ès** ☐☐☐☐
- d**ès** ☐☐☐☐
- expr**ès** ☐☐☐☐
- pr**ès** ☐☐☐☐
- tr**ès** ☐☐☐☐

Liste 13
- aussi**tôt** ☐☐☐☐
- bien**tôt** ☐☐☐☐
- tan**tôt** ☐☐☐☐
- **tôt** ☐☐☐☐

Liste 14
- Est-ce que… ? ☐☐☐☐
- lorsque ☐☐☐☐
- parce que ☐☐☐☐
- presque ☐☐☐☐

Liste 15
- par**tout** ☐☐☐☐
- sur**tout** ☐☐☐☐

Liste 16
- au**tant** ☐☐☐☐
- pour**tant** ☐☐☐☐
- **tant** mieux ☐☐☐☐
- **tant** pis ☐☐☐☐

Liste 17
- d'abor**d** ☐☐☐☐
- d'accor**d** ☐☐☐☐

Liste 18
- asse**z** ☐☐☐☐
- che**z** ☐☐☐☐

Liste 19
- déjà ☐☐☐☐
- là ☐☐☐☐
- là-bas ☐☐☐☐
- voilà ☐☐☐☐

Liste 20
- ic**i** ☐☐☐☐
- merc**i** ☐☐☐☐
- voic**i** ☐☐☐☐

Mon outil de relecture

Tu as fini d'écrire ton texte sur :

....

Maintenant, tu dois vérifier :

- ☐ les majuscules et les points
- ☐ les accords entre D + N + A
- ☐ les accords entre Sujet Verbe
- ☐ les homophones

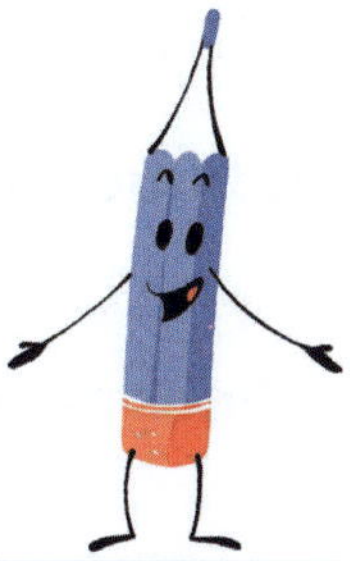

J'ai corrigé .... mots.

Mon outil de relecture

Tu as fini d'écrire ton texte sur :

....

Maintenant, tu dois vérifier :

- ☐ les majuscules et les points
- ☐ les accords entre D + N + A
- ☐ les accords entre Sujet Verbe
- ☐ les homophones

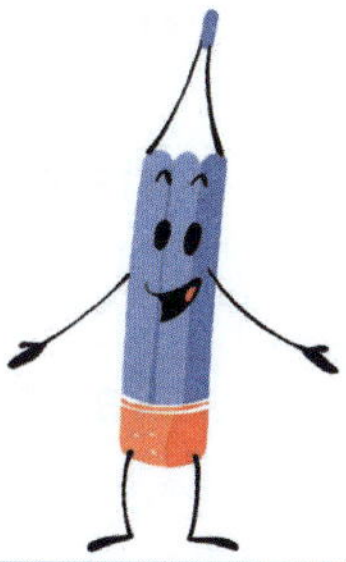

J'ai corrigé .... mots.

Mon outil de relecture

Tu as fini d'écrire ton texte sur :

....

Maintenant, tu dois vérifier :

- ☐ les majuscules et les points
- ☐ les accords entre D + N + A
- ☐ les accords entre Sujet Verbe
- ☐ les homophones

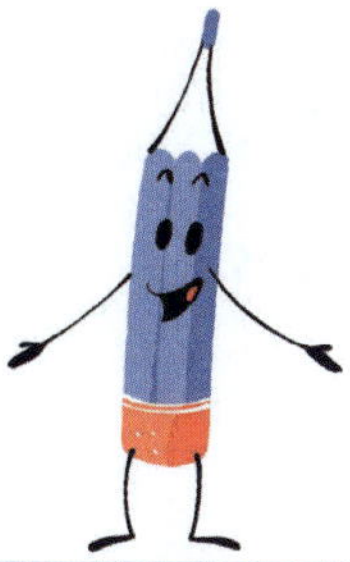

J'ai corrigé .... mots.

Mon outil de relecture

Tu as fini d'écrire ton texte sur :

....

Maintenant, tu dois vérifier :

- ☐ les majuscules et les points
- ☐ les accords entre D + N + A
- ☐ les accords entre Sujet Verbe
- ☐ les homophones

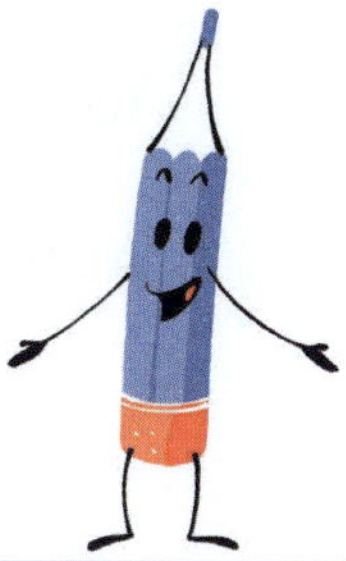

J'ai corrigé .... mots.

Mon petit rappel

Je connais des natures de mot.

Le déterminant est placé au début du groupe nominal. Il indique si le nom est singulier ou pluriel et parfois s'il est masculin ou féminin.

L'adjectif apporte des précisions sur le nom.

Le nom désigne une personne, un animal, un objet ou une chose.

Le verbe exprime une action ou un état.

D A N Verbe

Une nouvelle année commence !

1 **Écris au-dessus de chaque mot la lettre qui indique sa nature.**

1. Ta chemise est magnifique.
2. L'énorme animal dévore les poubelles.
3. Mes petits classeurs rouges sont prêts.
4. Ce jeune maitre semble sévère.

Je sais identifier les verbes et leur sujet.

Sujet au pluriel — Verbe au pluriel

Les élève**s** rencontr**ent** leur enseignant.

2 **Souligne le verbe conjugué et entoure le sujet de chaque phrase.**

1. Un inconnu s'invite chez nous.
2. Mes parents et moi adorons les frites.
3. Tous les soirs, je regardais ma série préférée.
4. Autrefois, ici, on trouvait plein de coquillages.

Mes petits conseils

▶ **Pour trouver le verbe,** je change le temps de la phrase.

▶ **Pour trouver le sujet,** je me pose la question Qui est-ce qui… ? ou Qu'est-ce qui… ?

1 L'accord dans le groupe nominal (GN)

Repérer

1 Souligne les GN et entoure le nom noyau de chaque groupe.

Une petite porte ouvrait sur le couloir blanchi qui donnait sur trois chambres. Le détective refusa d'examiner la troisième chambre, et nous passâmes immédiatement dans la seconde pièce, celle qu'habitait à présent la jeune femme, et où sa sœur était morte. C'était une jolie chambre, au plafond bas, avec une large cheminée, comme on en trouve souvent dans les vieilles maisons. Dans un coin, une commode sombre, en face, un lit étroit, et à gauche, une coiffeuse. Ces trois meubles, deux petites chaises et un tapis, formaient le mobilier.

D'après C. Doyle, « Une Enquête de Sherlock Holmes », Classiques et cie École, Hatier.

Raisonner et justifier

2 Entoure l'intrus de chaque liste et justifie ta réponse.

Exemple

Liste | l'autruche • l'ours • l'écureuil • l'iguane • l'éléphant • l'escargot • l'alligator

Je justifie : Le GN est féminin singulier, les autres sont au masculin singulier.

Liste 1 | les crayons • les feutres • les trousses • les cartables • les cahiers • les classeurs

Je justifie : ....

Liste 2 | mon olive • mon aubergine • mon abricot • mon endive • mon échalote

Je justifie : ....

Liste 3 | des verres • des assiettes • des fourchettes • des serviettes • des bouteilles • des nappes

Je justifie : ....

★ Liste 4 | leur tapis • leur héros • leur souris • leur compas • leur colis • leur bras

Je justifie : ....

★ Liste 5 | ces magnifiques écoles • ces magnifiques villes • ces magnifiques statues • ces magnifiques monuments • ces magnifiques sculptures

Je justifie : ....

3 Complète chaque GN par le nom noyau qui convient. Explique ton choix.

Exemple

l'..idée..... **géniale** → Quel est le nom noyau : **idée** ou **avenir** ?

J'explique : C'est un GN au féminin singulier.

1. **un** .... **convivial** → Quel est le nom noyau : **moment** ou **soirée** ?

   J'explique : ....

2. **une** .... **cruelle** → Quel est le nom noyau : **décision** ou **choix** ?

   J'explique : ....

3. **cette jolie** .... → Quel est le nom noyau : **poupée** ou **sourire** ?

   J'explique : ....

4. ★ **les meilleures** .... → Quel est le nom noyau : **équipes** ou **joueurs** ?

   J'explique : ....

Écrire

4 Transforme les GN du singulier au pluriel et souligne les changements.

1. cet enfant malicieux → ....
2. le petit carnet → ....
3. votre ancien joueur → ....
4. ce concours difficile → ....
5. ★ mon jeune cheval → ....
6. ★ un chou farci → ....

5 Avec la bonne orthographe, invente...

1. un GN au masculin pluriel. → ....
2. un GN au féminin. → ....
3. un GN avec le nom « oiseaux » et un adjectif. → ....
4. ★ une phrase avec deux GN. → ....

Mon petit défi d'écrivain

Continue le texte avec un maximum de GN.

Par la fenêtre, je vois ....

....

....

.... Mon nombre de GN : ....

2 L'accord sujet-verbe

Repérer

1 Souligne les verbes et entoure les sujets de chaque phrase.

En Normandie, au cœur de l'été, le banquier Georges Devanne donnait une réception dans son château. Quelques notables locaux discutaient dans la grande salle à manger du château.

– Velmont, je trouve que tu ressembles à Arsène Lupin !

– Vous le connaissez ?

– Comme tu es un peintre admiré, je n'avertis pas la police.

Tous les invités en riaient. Velmont en était mal à l'aise.

D'après « Arsène Lupin contre Sherlock Holmes », Classiques et cie École, Hatier.

Raisonner et justifier

2 Entoure l'intrus de chaque liste et justifie ta réponse.

Exemple

Liste | le chien • le chat • le lapin • (les lièvres) • le loup • le cochon • le serpent • le tigre

Je justifie : Le GN est masculin pluriel, les autres sont au masculin singulier.

Liste 1 | mon équerre • son cartable • leur cahier • sa trousse • ma pochette • leurs crayons

Je justifie : ....

Liste 2 | mange • joue • monte • gagnent • parle • pose • travaille • rigole

Je justifie : ....

Liste 3 | Cet artiste joue. • L'artiste danse. • Un artiste jongle. • Les artistes chantent. • L'artiste grimpe.

Je justifie : ....

★ Liste 4 | tu portes • je supporte • ils apportent • il reporte • les portes • elle rapporte

Je justifie : ....

★ Liste 5 | ils observent • ils patientent • ils regardent • ils attendent • ils passent • ils montent

Je justifie : ....

....

3 Complète la phrase avec le sujet qui convient. Explique ton choix.

1. .... **tombent.** → Quel est le sujet : **la dent** ou **les clés** ?

   J'explique : ....

2. .... **roulent vite.** → Quel est le sujet : **le scooter** ou **les trains** ?

   J'explique : ....

3. .... **vole haut.** → Quel est le sujet : **l'avion** ou **les oiseaux** ?

   J'explique : ....

4. .... **bricole souvent.** → Quel est le sujet : **mes frères** ou **ma mère** ?

   J'explique : ....

Écrire

4 Transforme ces phrases avec le sujet proposé.

1. Le voyageur pose une valise et embarque très vite.

   → Les voyageurs ....

2. Le joueur s'habille rapidement, s'échauffe et démarre le match.

   → Les joueurs ....

3. Les spectateurs regardent et photographient les animaux.

   → Le spectateur ....

4. ★ Les jeunes enfants goutent le gâteau et en redemandent une deuxième part.

   → Nous ....

5 Avec la bonne orthographe, invente...

1. une phrase avec un sujet au pluriel. → ....
2. une phrase avec un sujet au singulier et deux verbes.

   → ....

3. ★ une phrase avec le verbe « fabriquent ». → ....

Mon petit défi d'écrivain

Écris un texte avec le plus de sujets différents.

À l'école, ...

....

....

....

....

.... Mon nombre de sujets : ....

3 Écrire le pluriel des noms et des adjectifs

Repérer

1 Souligne les GN au pluriel et entoure le nom noyau.

1. D'Artagnan se dirigea vers l'auberge indiquée et reconnut des matelots joyeux.
2. Les rideaux, à côté des petites tribunes, s'ouvrirent et l'on vit apparaitre la tête pâle du Cardinal.
3. Vous donnerez les quatre chevaux équipés à vos compagnons.
4. Il traversa plusieurs salons d'une élégance dont les plus grands seigneurs n'avaient pas même l'idée.
5. Ces hommes dangereux sont des voleurs : ils aiment les beaux bijoux.
6. D'Artagnan a dû faire un choix : il fera partie des mousquetaires.

D'après « D'Artagnan, apprenti mousquetaire », Classiques et cie École, Hatier.

Raisonner et justifier

2 Entoure l'intrus de chaque liste et justifie ta réponse.

Exemple

Liste | le pied • la cheville • la tête • la main • (le bras) • le doigt • la jambe

Je justifie : C'est le seul nom qui ne change pas au pluriel.

Liste 1 | un animal • un cheval • un végétal • un bocal • un carnaval • un journal

Je justifie : ....

Liste 2 | le choix • la voix • le toit • le mois • le bois • le gaulois • la noix

Je justifie : ....

Liste 3 | bijou • clou • genou • hibou • caillou • chou • pou

Je justifie : ....

★ Liste 4 | gros • râpeux • épais • lisse • gras • doux • sérieux

Je justifie : ....

★ Liste 5 | métaux • travaux • chevaux • hôpitaux • bocaux • animaux • journaux

Je justifie : ....

3 Complète chaque GN par le nom noyau qui convient. Explique ton choix.

1. **Un** .... **heureux** → Quel est le nom noyau : **homme** ou **femme ?**
   J'explique : ....

2. **Des** .... **joyeuses** → Quel est le nom noyau : **princesse** ou **élèves ?**
   J'explique : ....

3. **De la bonne** .... → Quel est le nom noyau : **chantilly** ou **dessert ?**
   J'explique : ....

4. **De beaux** .... → Quel est le nom noyau : **stylo** ou **cartables ?**
   J'explique : ....

Écrire

4 Transforme les GN au pluriel et souligne les changements.

1. un journal télévisé → ....
2. le pays étranger → ....
3. un jeu intéressant → ....
4. ce produit régional → ....
5. ton gros couteau → ....
6. ★ un bijou onéreux → ....

5 Avec la bonne orthographe, invente...

1. un GN au pluriel. → ....
2. un GN avec le nom « drapeaux ». → ....
3. un GN au féminin pluriel avec l'adjectif « spécial ». → ....
4. une phrase avec deux groupes nominaux au pluriel.
   → ....

Mon petit défi d'écrivain

Continue le texte avec le maximum de GN au pluriel.

Je me rends au zoo pour la journée et je vois ....

....

....

....

....

.... Mon nombre de GN au pluriel : ....

4 Choisir la bonne orthographe : a, as ou à ? on ou ont ?

Repérer

1 Souligne toutes les formes du verbe avoir.

1. Il était une fois, en Chine, un homme qu'on appelait Wang le Bon.
2. Quand il était petit, on lui a prédit qu'il deviendrait très riche.
3. Il a pu gagner de l'argent, construire sa maison, éduquer ses enfants.
4. Un jour, il a coupé un tronc et l'a vendu pour faire des piliers pour les maisons.
5. Un beau matin, un loup se jeta à ses pieds et lui demanda un service.
6. Tu as rendu un tout petit service au loup et tu voudrais qu'il ne te mange pas ?
7. En vieillissant, les forces de Wang ont faibli.

D'après D. Germain, « Trois Contes chinois », Classiques et cie École, Hatier.

Raisonner et justifier

2 Complète la phrase par a / as / à / on ou ont et coche la nature du mot manquant.

1. Cet après-midi, Marie va .... la plage.
   Le mot manquant est : ☐ un verbe ☐ un pronom ☐ une préposition
2. Les animaux .... rejoint le nouveau zoo.
   Le mot manquant est : ☐ un verbe ☐ un pronom ☐ une préposition
3. Julien .... terminé son exercice rapidement.
   Le mot manquant est : ☐ un verbe ☐ un pronom ☐ une préposition
4. Tous les matins, ... prend le bus.
   Le mot manquant est : ☐ un verbe ☐ un pronom ☐ une préposition
5. Hier, j'étais en voyage .... Marseille.
   Le mot manquant est : ☐ un verbe ☐ un pronom ☐ une préposition
6. ★ Je crois que tu n'............... pas peur du collège.
   Le mot manquant est : ☐ un verbe ☐ un pronom ☐ une préposition

3 Remplace le mot souligné par a / as / à / on ou ont et explique ton choix.

1. Les insectes <u>possèdent</u> six pattes. → ....
   J'explique : ....
2. J'aime me promener <u>dans</u> Paris. → ....
   J'explique : ....
3. La commode <u>contient</u> trois tiroirs. → ....
   J'explique : ....
4. ★ <u>Toute la classe</u> chante. → ....
   J'explique : ....

Écrire

4 Transforme ces phrases avec le sujet proposé.

1. L'élève a terminé le travail obligatoire très rapidement.
   → Les élèves ....
2. Le jeune athlète a battu son record. → Tu ....
3. Ils ont perdu le match à la dernière seconde.
   → On ....
4. Tu as fini tous les devoirs. → Elle ....
5. ★ Le public danse sur la musique des artistes pendant le concert.
   → On ....

5 Avec la bonne orthographe, invente...

1. Une phrase avec le sujet « On ». → ....
2. Une phrase avec la forme verbale « a fini ». → ....
3. Une phrase au passé composé avec le sujet « Tu ». → ....
4. ★ Une phrase contenant « a » et « à ». → ....

Mon petit défi d'écrivain

Raconte la dernière récréation. Utilise au moins une fois les mots a / à / on / ont.

....
....
....
....

5 L'accord dans le groupe nominal enrichi

Repérer

1 Souligne les GN enrichis et entoure le nom noyau de chaque groupe.

1. Les garçons du voisinage avaient l'habitude de l'insulter.
2. Les sanglots d'Oliver l'empêchaient de parler.
3. Un brouillard humide et épais s'élevait des nombreux marais voisins.
4. La bande de copains se mit à manger rapidement.
5. ★ Le garçon avait des cheveux roux frisés.
6. ★ Le boucher, le boulanger et le laitier poursuivaient le jeune homme.

Phrases tirées de Ch. Dickens, « Oliver Twist », Classiques et cie École, Hatier.

Raisonner et justifier

2 Entoure l'intrus de chaque liste et justifie ta réponse.

Exemple

Liste | le yoyo de Léo • le sifflet de Léa • le tracteur de Rosy • le train de Karim • la trottinette de Paolo

Je justifie : C'est le seul GN au féminin, les autres sont au masculin.

Liste 1 | le chien du voisin • le chat des voisins • l'oiseau de mes voisins • les coqs du voisin

Je justifie : ....

Liste 2 | les amis de Rima • les frères de Max et Paul • le père de Kim • les parents de Jade

Je justifie : ....

Liste 3 | un épais classeur noir • ton nouveau classeur noir • mes petits classeurs noirs • ce fin classeur noir

Je justifie : ....

★ Liste 4 | l'ampoule de mon frère • l'aquarium de ma cousine • l'aspirateur de mon père • l'appartement de ma mère • l'arrosoir de mon oncle

Je justifie : ....

3 Complète chaque GN avec le nom noyau qui convient. Explique ton choix.

1. **la** .... **des pompiers** → Quel est le nom noyau : **camions** ou **sirène** ?
   J'explique : ....
2. **des** .... **de monnaie** → Quel est le nom noyau : **pièces** ou **distributeur** ?
   J'explique : ....
3. ★ **cette immense** .... **en bronze** → Quel est le nom noyau : **statue** ou **clocher** ?
   J'explique : ....
4. ★ **deux longues** .... **en jean** → Quel est le nom noyau : **jupes** ou **pantalons** ?
   J'explique : ....

Écrire

4 Transforme les GN du singulier au pluriel et souligne les changements.

1. le coup de téléphone → ....
2. la serviette rouge à pois → ....
3. un grand château noir → ....
4. son jeune fils merveilleux → ....
5. leur vieille poupée de cire → ....

5 Avec la bonne orthographe, invente...

1. un GN au masculin pluriel avec deux adjectifs. → ....
2. un GN au féminin avec un complément du nom. → ....
3. un GN avec le nom « rue » et deux adjectifs. → ....
4. ★ une phrase contenant un complément du nom.
   → ....

Mon petit défi d'écrivain

Continue le texte avec le maximum de GN enrichis.

Sur la plage, je peux observer ....

....

....

....

....

.... Mon nombre de GN enrichis : ....

6 L'accord sujet-verbe : sujets multiples

Repérer

1 Souligne le verbe et entoure le sujet de chaque phrase.

1. Oliver Twist est né dans une petite ville au nord de Londres vers 1835.
2. Jack et Oliver passèrent la porte d'Islington à onze heures.
3. En parcourant les ruelles, Sikes, Nancy et Oliver se dirigeaient vers le repaire de Fagin.
4. Fagin et Jack riaient de bon cœur de la naïveté d'Oliver.
5. Le vieil homme paraissait très respectable.
6. Souvent, le plaisant vieillard et les deux garçons jouaient à un jeu curieux.
7. ★ Les deux garçons le suivaient, évitant adroitement ses regards.

Phrases tirées de Ch. Dickens, « Oliver Twist », Classiques et cie École, Hatier.

Raisonner et justifier

2 Entoure l'intrus de chaque liste et justifie ta réponse.

Liste 1 | Le chien et le chat se cachent. • Le cochon et la vache se cachent. • Le cheval se cache. • Les animaux se cachent. • Le lapin et le lièvre se cachent.

Je justifie : ....

Liste 2 | Louis travaille. • Clément travaille. • Le jeune garçon travaille. • Yann et Loïc travaillent. • L'enfant travaille. • Le jeune élève travaille.

Je justifie : ....

Liste 3 | L'abricot et la pêche donnent des vitamines. • L'orange donne des vitamines. • Les cerises et les fraises donnent des vitamines. • Les fruits donnent des vitamines.

Je justifie : ....

Liste 4 | Marine et Shana discutent. • Elona et Morgane discutent. • Laura et Océane discutent. • Oihana et Lilas discutent. • Marie-Louise discute.

Je justifie : ....

3 **Complète la phrase avec le sujet qui convient. Explique ton choix.**

1. .... **s'habille.** → Quel est le sujet : **Zoé** ou **Zoé et Lola** ?

   J'explique : ....

2. .... **rigolent.** → Quel est le sujet : **mon ami** ou **Sara et son ami** ?

   J'explique : ....

3. .... **crient.** → Quel est le sujet : **le public** ou **l'équipe et le public** ?

   J'explique : ....

Écrire

4 **Transforme ces phrases avec le sujet proposé.**

1. Robin étudie parfaitement les leçons.

   → Robin et Henri ....

2. Karim et Evan admirent l'œuvre d'art du musée.

   → Karim ....

3. L'accordéon donne un son magnifique dans cet endroit.

   → L'accordéon et l'orgue ....

4. ★ Deux frères se promènent dans la forêt de Brocéliande.

   → Deux frères et leur père ....

5 **Avec la bonne orthographe, invente...**

1. une phrase avec un sujet composé de deux prénoms.

   → ....

2. une phrase avec un sujet composé de trois animaux.

   → ....

3. ★ une phrase avec le verbe conjugué « regardent ».

   → ....

Mon petit défi d'écrivain

Écris un texte pour parler de deux camarades.

....

....

....

....

....

7 Écrire le son (é) à la fin des noms

Repérer

1 Souligne les noms qui se terminent par le son (é).

1. L'ainée aurait donné toute sa beauté pour avoir la moitié de l'esprit de sa sœur.
2. Un cavalier entra aussitôt l'épée à la main.
3. Fort content de cette rapidité, il alla se recoucher auprès de sa femme.
4. Elle allait se réfugier près de la cheminée.
5. Le mari avait de son côté une jeune fille, d'une douceur et d'une bonté sans pareil.
6. ★ La fée avait un métier à tisser.
7. ★ Fier d'avoir capturé du gibier, le chat botté alla chez le roi présenter son trophée.

Phrases tirées de Ch. Perrault, « Des contes pour réfléchir », Classiques et cie École, Hatier.

Raisonner et justifier

2 Entoure l'intrus de chaque liste et justifie ta réponse.

Liste 1 | durée • marée • vallée • matinée • soirée • musée • allée • année

Je justifie : ....

Liste 2 | liberté • société • efficacité • beauté • cité • féminité • pâté • qualité

Je justifie : ....

Liste 3 | karaté • été • passé • clé • marché • blé • carré • porteclé

Je justifie : ....

★ Liste 4 | musée • trophée • lycée • fumée • scarabée • apogée

Je justifie : ....

★ Liste 5 | cavalier • fromager • métier • quartier • étranger • chanter • charcutier

Je justifie : ....

3 Complète chaque GN par le nom noyau qui convient. Explique ton choix.

1. **le** .... **fleuri** → Quel est le nom noyau : **allée** ou **cerisier** ?
   J'explique : ....
2. **une** .... **compliquée** → Quel est le nom noyau : **activité** ou **métier** ?
   J'explique : ....
3. **une grande** .... → Quel est le nom noyau : **quartier** ou **cité** ?
   J'explique : ....
4. ★ **cette** .... **originale** → Quel est le nom noyau : **dictée** ou **musée** ?
   J'explique : ....
5. ★ **des** .... **très doués** → Quel est le nom noyau : **fées** ou **pompiers** ?
   J'explique : ....

Écrire

4 Écris les mots en (é) en t'aidant des indices.

1. Pour aller dans l'espace, on a besoin d'une ....
2. Je coupe une pomme en deux, j'en mange un morceau, il me reste la ....
3. Les arbres sur lesquels poussent les prunes sont des ....
4. ★ La devise de la République française est........................, ..., ...

5 Avec la bonne orthographe, invente...

1. un GN au masculin pluriel avec un nom en (é). → ....
2. un GN au féminin avec un nom en (é). → ....
3. ★ une phrase contenant deux noms en (é).
   → ....

Mon petit défi d'écrivain

Écris un texte avec le maximum de noms qui se terminent par le son (é).

Mon quartier idéal est ....
....
....
....
.... Mon nombre de noms en (é) : ....

8 Choisir la bonne orthographe es, est ou et ? son ou sont ?

Repérer

1 Souligne toutes les formes du verbe être.

1. Hansel et Gretel sont les enfants d'un pauvre bucheron.
2. Les deux enfants ont une belle-mère qui n'aime ni Gretel ni son frère.
3. Parfois Gretel se réveille dans la nuit et demande « Où es-tu Hansel ? »
4. Les parents affamés sont décidés : ils vont perdre les enfants dans la forêt.
5. Hansel est malin et marche le dernier.
6. Il sème un petit caillou blanc de temps en temps pour marquer son chemin.
7. À cause de la famine, les enfants sont abandonnés de nouveau.
8. Ils arrivent jusqu'à une maison qui est bien peu ordinaire.
9. Les murs sont faits de gâteaux, le toit de brioches et les fenêtres de caramel.

D'après Grimm, « Hansel et Gretel », Classiques et cie École, Hatier.

Raisonner et justifier

2 Complète avec es / est / et / son ou sont et coche la nature du mot manquant.

1. Loïc .... parti à la bibliothèque pour emprunter des livres.
   Le mot manquant est : ☐ un déterminant ☐ un verbe ☐ une conjonction de coordination

2. Je déteste les courgettes .... les épinards.
   Le mot manquant est : ☐ un déterminant ☐ un verbe ☐ une conjonction de coordination

3. Mes parents .... sortis précipitamment avant le dessert.
   Le mot manquant est : ☐ un déterminant ☐ un verbe ☐ une conjonction de coordination

4. Je crois que tu .... malade.
   Le mot manquant est : ☐ un déterminant ☐ un verbe ☐ une conjonction de coordination

★ 5. Maelys et sa sœur .... allées courir.
   Le mot manquant est : ☐ un déterminant ☐ un verbe ☐ une conjonction de coordination

★ 6. .... cahier de lecture .... tout abimé.
   Les mots manquants sont : ☐ un déterminant ☐ un verbe ☐ une conjonction de coordination

3 Remplace le mot souligné par es / est / et / son ou sont et explique ton choix.

1. Ma camarade <u>semble</u> très agile. → ....
   J'explique : ....
2. À la récréation, tu <u>restes</u> dans la classe. → ....
   J'explique : ....
3. Mes voisins <u>paraissent</u> gentils. → ....
   J'explique : ....
4. ★ Je cherche Kim <u>ou</u> son frère. → ....
   J'explique : ....

Écrire

4 Transforme ces phrases avec le sujet proposé.

1. Le maitre est disponible pour aider les jeunes élèves.
   → Tu ....
2. Kévin est fatigué depuis lundi. → Les élèves ....
3. Lucie et Louna sont allées au cinéma hier. → Lucie ....
4. Ils sont en retard. → On ....
5. ★ Sam et Mina, êtes-vous prêts à partir ? → Sam, ...

5 Avec la bonne orthographe, invente...

1. une phrase avec le sujet « Son fils » et le verbe *être*.
   → ....
2. ★ une phrase au passé composé avec le sujet « Tu » et l'auxiliaire *être*.
   → ....
3. ★ une phrase contenant « est » et « et ».
   → ....

Mon petit défi d'écrivain

Écris un texte pour parler de deux sports. Utilise au moins une fois les mots est / et / son / sont.

....

....

....

....

....

9 Les mots contenant la lettre g

Repérer

1 Souligne tous les mots contenant la lettre g.

Il était une fois une petite fille qui habitait dans un village. Sa mère aimait gâter sa fille sage, et sa mère-grand plus encore. La vieille femme lui fit faire un manteau avec une capuche rouge, qui lui allait si bien, que les gens l'appelaient le Petit Chaperon rouge.

Un jour, sa mère lui demanda gentiment de rendre visite à sa mère-grand et de lui apporter une galette. Dans la forêt, elle rencontra un loup sauvage, qui eut bien envie d'en faire son gouter. La jeune enfant, pleine de gaité, ne se méfia pas du danger et échangea quelques mots avec l'animal fourbe. Il décida de se rendre aussi chez la grand-mère et choisit le chemin le plus court, alors que la petite fille s'en alla par le plus long. Arrivé le premier, il frappa à la porte et changea sa grosse voix. Grâce à ses mensonges, le loup gourmand réussit à entrer et mangea la grand-mère. Il s'installa dans le grand lit pour attendre l'arrivée du Petit Chaperon, prêt à le déguster.

D'après Ch. Perrault, « Des contes pour réfléchir », Classiques et cie École, Hatier.

Raisonner et justifier

2 Entoure l'intrus de chaque liste et justifie ta réponse.

Liste 1 | sauvage • génial • sage • fatigué • gentil • gêné • allégé

Je justifie : ....

Liste 2 | gazelle • grenouille • guêpe • girafe • guenon • grue • tigre

Je justifie : ....

Liste 3 | cage • image • nuage • rage • algue • nage • page • agenda

Je justifie : ....

Liste 4 | guitare • gilet • orangeade • girolle • geste • fromage • virage

Je justifie : ....

★ Liste 5 | doigt • longtemps • vingt • horloge • coing • étang • rang

Je justifie : ....

3 Complète les phrases avec un nom contenant la lettre g. Souligne les accords dans le GN complété.

1. Avec ses longues .... argentées, ce poisson se déplace rapidement.
2. En vacances, je mange des .... en cornet tout l'été.
3. Le jour du carnaval, j'aime porter un .... extravagant.
4. Pour faire du surf, les grosses .... sont indispensables.
5. À qui sont ces .... oubliés dans le hall de l'hôtel ?

Écrire

4 Transforme ces phrases avec le sujet proposé. Conserve le temps des verbes.

1. Mes deux camarades nagent avec les dauphins.
   → Nous ....
2. Léonie voyageait souvent avec des amis.
   → Vous ....
3. Nous rangeons la chambre de ta petite sœur.
   → Tu ....
4. À cause des blessures, il songe à arrêter le sport.
   → À cause des blessures, nous ....
5. Nous dérangions notre voisin avec le bruit de la musique.
   → Mes frères ....

5 Avec la bonne orthographe, invente...

1. un GN avec un nom d'objet contenant la lettre **g**. → ....
2. un GN au féminin en utilisant l'adjectif « long ». → ....
3. une phrase à l'imparfait avec un verbe qui finit par -ger à l'infinitif.
   → ....

Mon petit défi d'écrivain

Écris une liste d'objets que tu pourrais trouver dans un tiroir. Chaque nom d'objet contient la lettre g.

Dans mon tiroir, il y a : ....

....

....

....

.... Mon nombre de mots avec la lettre **g** : ....

10 L'accord sujet-verbe : sujets collectifs

Repérer

1 Souligne le verbe et entoure le sujet dans chaque phrase.

En Normandie, au début du XXe siècle, le banquier Georges Devanne recevait plusieurs invités et notamment le peintre connu Horace Velmont, dans son château. Ce groupe d'amis discutait joyeusement dans la grande salle à manger. Un trio détaillait le visage d'Horace. Selon eux, cet artiste ressemblait énormément à Arsène Lupin. Tout le monde se groupait autour de lui pour l'observer. Mais, le jeune peintre paraissait vexé. La foule l'énervait. En plus, on lui faisait souvent cette remarque.
Concernant Arsène Lupin, les policiers parcouraient de long en large la région entre Dieppe, Caen et Rouen.
Malgré les plaisanteries des invités, Horace Velmont était bien Arsène Lupin !

D'après M. Leblanc, « Arsène Lupin contre Sherlock Holmes », Classiques et cie École, Hatier.

Raisonner et justifier

2 Entoure l'intrus de chaque liste et justifie ta réponse.

Liste 1 | les sportifs • leur équipe • ces joueurs • leurs remplaçants • des capitaines

Je justifie : ....

Liste 2 | tout le monde • toute la classe • tous les élèves • toute l'école • toute la foule

Je justifie : ....

Liste 3 | le nouveau roi • la jeune reine • la cour royale • les grands rois • le royaume

Je justifie : ....

★ Liste 4 | une équipe • mon équipement • ton équipière • elle s'équipe • un équipier

Je justifie : ....

★ Liste 5 | On joue. • Les enfants jouent. • Toute la classe joue. • Le groupe d'élèves joue. • L'équipe joue.

Je justifie : ....

3 Complète la phrase avec le sujet qui convient. Explique ton choix.

1. .... **part en voyage scolaire.** → Quel est le sujet : **la classe** ou **Eva et Iban** ?
   J'explique : ....
2. .... **se déplacent.** → Quel est le sujet : **les moutons** ou **le troupeau** ?
   J'explique : ....
3. .... **joue aux cartes.** → Quel est le sujet : **tout le monde** ou **les enfants** ?
   J'explique : ....
4. .... **a pris le train.** → Quel est le sujet : **ma famille** ou **mes amis** ?
   J'explique : ....

Écrire

4 Transforme ces phrases avec le sujet proposé.

1. Lorenzo et son frère se promènent dans la forêt du village.
   → Toute la classe ....
2. L'équipe de France s'apprête à disputer le premier championnat.
   → Les athlètes anglais ....
3. Oscar applaudit les jeunes chanteurs américains.
   → La foule ....
4. ★ Les anciens rois européens avaient de nombreux privilèges et en profitaient.
   → La cour royale ....

5 Avec la bonne orthographe, invente...

1. une phrase avec un sujet « le clan ennemi ». → ....
2. une phrase au présent avec un verbe au pluriel. → ....
3. ★ une phrase avec le sujet « Léo et sa famille ».
   → ....

Mon petit défi d'écrivain **Écris un texte pour parler des habitudes de « Toute la classe ».**

Toute la classe ....
....
....
....
....

11 Les mots contenant la lettre s

Repérer

1 Souligne tous les mots contenant la lettre s.
Entoure en rouge les mots si tu entends le son (z),
en bleu si tu entends le son (s).

Oliver Twist semble bien seul au monde. Il nait dans une petite ville au sud de Londres vers 1835. Avant sa naissance, sa mère vit dans la rue. Transportée dans un hospice, elle donne vie à un superbe petit garçon. Malheureusement elle ne survit pas à l'accouchement. Quelle tristesse ! Monsieur Bumble, le gros gérant de la paroisse, emmènera ensuite le misérable nourrisson dans un orphelinat. Il y passera de nombreuses années et y fera la connaissance de plusieurs personnes.

D'après Ch. Dickens, « Oliver Twist », Classiques et cie École, Hatier.

Raisonner et justifier

2 Entoure l'intrus de chaque liste et justifie ta réponse.

Liste 1 | ravissante • splendide • merveilleuse • fantastique • immense • superbe • éblouissante

Je justifie : ....

Liste 2 | un aspirateur • une serpillière • un seau • une laveuse • un escabeau • un spray

Je justifie : ....

Liste 3 | le vison • l'oiseau • l'asticot • la buse • le faisan • le bison • l'oisillon

Je justifie : ....

★ Liste 4 | nous chassons • nous pensons • nous finissons • nous réussissons • nous gémissons • nous maigrissons

Je justifie : ....

★ Liste 5 | ours • jamais • dans • bois • mais • tas • pays • fois • temps • sans

Je justifie : ....

3 Complète avec un nom contenant au moins une lettre s. Souligne les accords dans le GN complété.

1. Les chats adorent attraper les petites ....
2. Ce service à thé contient six ....
3. Il porte une .... à fleurs et un pantalon bleu.
4. J'ai une douzaine de .... rouges dans l'aquarium.

Écrire

4 Transforme ces phrases avec le sujet proposé. Conserve le temps des verbes.

1. Lise a versé du sirop aux enfants.
   → Nous ....
2. Tu finis les devoirs le plus vite possible.
   → Vous ....
3. Les élèves assistent à un spectacle magnifique !
   → Nous ....
4. Le soir, nous ne pensions plus à l'école.
   → Le soir, tu ....
5. Nous révisons chaque jour les leçons de français.
   → Tous mes camarades ....

5 Avec la bonne orthographe, invente...

1. un GN avec le nom d'un fruit qui contient **la lettre s**. → ....
2. un GN au féminin avec l'adjectif « courageux ». → ....
3. une phrase avec le sujet « Mes enfants » et le verbe *réussir*.
   → ....

Mon petit défi d'écrivain

Écris une liste d'objets que tu peux trouver dans un garage. Chaque nom d'objet contient au moins une lettre s.

Dans mon garage, il y a : ....

....

....

....

....

.... Mon nombre de mots avec la lettre **s** : ....

12 Écrire le son (é) à la fin des verbes : infinitif ou participe passé ?

Repérer

1 Souligne tous les verbes qui se terminent par le son (é).

Il était une fois en Chine dix soleils qui avaient décidé de briller tous ensemble dans le ciel, du matin jusqu'au soir.
Pour trouver de l'eau, les humains devaient aller de plus en plus loin.
Un jour, l'empereur du ciel regarda la Terre. Il vit que tout avait séché et que toute la surface de la terre était en train de se craqueler. Il a alors demandé de l'aide à Yi, le meilleur archer de l'empire. Ce dernier finit par tuer tous les soleils sauf un qui devait travailler tous les jours de l'année.
Le royaume était sauvé. À partir de ce jour, les bêtes sauvages et les humains purent se désaltérer et sourire de nouveau. Puis, Yi fut proclamé roi et décida de se marier. Depuis ce jour, tous les ans, les Chinois se retrouvent pour diner en famille en l'honneur des deux amoureux.

D'après *Trois contes chinois de sagesse*, Classiques et cie École, Hatier.

Raisonner et justifier

2 Entoure l'intrus de chaque liste et justifie ta réponse.

Liste 1 | relier • tracer • souligner • entourer • plier • papier • gommer

Je justifie : ……………………………………

Liste 2 | aimé • rigolé • sauté • joué • lancé • amitié • partagé • échangé

Je justifie : ……………………………………

Liste 3 | j'ai regardé • il a crié • nous avons supporté • tu vas encourager • ils ont chanté • on a félicité

Je justifie : ……………………………………

★ Liste 4 | égalité • liberté • chanté • réalité • fierté • bonté • clarté • pureté

Je justifie : ……………………………………

★ Liste 5 | regardé • aimé • écouté • gouté • santé • respiré • parlé

Je justifie : ……………………………………

3 Remplace le verbe souligné par un verbe du 1er groupe. Explique ton choix entre l'infinitif ou le participe passé.

1. Léo et Liam ont vu un film au cinéma. → ....

   J'explique : ....

2. La tige de ta fleur a beaucoup grandi. → ....

   J'explique : ....

3. Tu vas finir par te faire prendre ! → ....

   J'explique : ....

4. Hier, Esteban m'a offert des bonbons. → ....

   J'explique : ....

Écrire

4 Complète chaque phrase avec un verbe de la liste en choisissant l'infinitif ou le participe passé.

terminer – jouer – acheter – essuyer – arriver

1. Mon ami a .... la voiture.
2. Alice et Lola ont fini par ....
3. Le boulanger a .... son pain.
4. Tu as .... toutes les assiettes.
5. .... est un plaisir pour moi.

5 Avec la bonne orthographe, invente...

1. une phrase avec un verbe à l'infinitif. → ....
2. une phrase avec le verbe *cuisiner* au passé composé. → ....
3. une phrase contenant un verbe à l'infinitif et un participe passé.

   → ....

Mon petit défi d'écrivain **Écris un texte pour raconter tes activités du week-end.**

Le week-end dernier, j'ai ....

....

....

....

....

....

.... Mon nombre de participes passés en **é** : ....

13 Choisir la bonne orthographe : ce ou se ? c'est ou s'est ?

Repérer

1 Entoure les mots ce, se, c'est, s'est dans ce texte. Souligne le mot qui suit.

C'est l'histoire de Proserpine, la fille des Dieux Cérès et Jupiter. Proserpine s'est fait enlever par le dieu des enfers, Pluton. Cérès, sa mère, part à sa recherche et se met ainsi à parcourir le monde du matin au soir. Épuisée de fatigue, la déesse a soif et se rend vers la maison la plus proche. Une vieille dame lui sert alors à boire. Ce breuvage est doux et la déesse se régale. Elle se met alors à boire avec avidité. Un enfant insolent arrive devant elle et se moque de sa gourmandise. Elle est offensée et se venge en l'arrosant avec ce nectar. Quelques minutes plus tard, l'enfant s'est métamorphosé en reptile étrange. Ce reptile se révèle être un lézard qui se sauve très vite pour se cacher. C'est le mythe du lézard stellion.

D'après Ovide « Icare, Narcisse, Daphné et autres mythes », Classiques et cie École, Hatier.

Raisonner et justifier

2 Complète la phrase par ce ou se et justifie ton choix.

1. Zoé et Lola .... réveillent souvent la nuit.

   Je justifie : ....

2. Ils pensent que .... téléphone est le mieux pour toi.

   Je justifie : ....

3. Naomie .... concentre pour réussir son évaluation.

   Je justifie : ....

3 Complète la phrase par c'est ou s'est et justifie ton choix.

1. Cette année, Ethan .... lancé un nouveau défi.

   Je justifie : ....

2. Pendant les vacances, Yann .... cassé le bras.

   Je justifie : ....

3. Je crois que .... mon film préféré.

   Je justifie : ....

4 Remplace le ou les mots soulignés par ce / se / c'est / s'est et explique ton choix.

1. Nous espérons que cela est possible. → ....
   J'explique : ....
2. Le petit garçon joue avec le camion. → ....
   J'explique : ....
3. Ton père dit que ceci est intéressant. → ....
   J'explique : ....
4. Un camarade te donne les moyens de réussir.
   → ....
   J'explique : ....
   ....

Écrire

5 Transforme ces phrases avec le sujet proposé.

1. Je me couche très tôt ce soir. → **Kamel**
   → ....
2. Ce matin, je me suis habillé chaudement. → **Les garçons**
   → ....
3. Nous nous lavons les dents au moins deux fois par jour. → **Tous les enfants**
   → ....
4. Tu t'es bien occupé de mes enfants. → **Ma voisine**
   → ....

6 Avec la bonne orthographe, invente...

1. une phrase avec le déterminant « ce ». → ....
2. une phrase avec le verbe *se laver*. → ....
3. une phrase contenant « ce » et « s'est ». → ....

Mon petit défi d'écrivain

Raconte ce que fait le petit Nicolas avant d'arriver à l'école. Utilise au moins une fois les mots ce, se, c'est, s'est.

....
....
....
....

14 Les adverbes se terminant par -ment

Repérer

1 Souligne tous les adverbes qui se terminent par -ment.

J'ai longuement pris des notes sur les étranges affaires qui m'ont permis d'étudier le raisonnement de mon ami, Sherlock Holmes. Parmi les nombreuses enquêtes, je vais seulement vous détailler précisément celle d'une famille connue du comté du Surrey : les Roylott de Stoke Moran. Les évènements que je vais soigneusement relater se déroulent au début de mon association, avec Holmes, lorsque nous partagions un appartement à Baker Street. Cette histoire aurait pu largement être publiée plus tôt, mais j'avais tout simplement promis le secret à la dame concernée. Sa mort accidentelle, le mois dernier, me permet maintenant d'en parler plus librement. Je vais immédiatement faire connaitre ces faits, car des rumeurs se sont répandues sur la mort du docteur Grimesby Roylott.

D'après C. Doyle, « Une enquête de Sherlock Holmes », Classiques et cie École, Hatier.

Raisonner et justifier

2 Entoure l'intrus de chaque liste et justifie ta réponse.

Liste 1 | lourdement • lentement • loyalement • légèrement • évènement • longuement • également

Je justifie : ....

Liste 2 | moment • simplement • sifflement • grincement • enseignement • argument • hurlement

Je justifie : ....

Liste 3 | poliment • aiment • vraiment • vivement • justement • doucement • également

Je justifie : ....

Liste 4 | méchamment • bruyamment • violemment • brillamment • abondamment • constamment

Je justifie : ....

3 **Remplace les mots soulignés par un adverbe. Complète la justification orthographique.**

1. L'escargot se déplace de manière lente. → ....
   Adverbe formé à partir ....
2. Cet élève m'a répondu de manière méchante. → ....
   Adverbe formé à partir ....
3. Elsa t'a dessiné de manière parfaite. → ....
   Adverbe formé à partir ....
4. ★ Mes parents conduisent de manière prudente. → ....
   Adverbe formé à partir ....

Écrire

4 **Forme les adverbes à partir des adjectifs : *profond, heureux, entier, poli, injuste*.**

....

....

5 **Complète chaque phrase par un des adverbes de l'exercice 4.**

1. Cette après-midi, mon équipe a perdu : je suis .... déçu.
2. L'arbitre a sifflé un pénalty ....
3. Mon entraineur lui a .... demandé la raison.
4. L'équipe adverse disait qu'il avait .... raison.
5. ...., le match s'est quand même bien terminé !

6 **Avec la bonne orthographe, invente...**

1. une phrase avec un adverbe en -ment. → ....
2. une phrase avec un adverbe formé à partir d'un adjectif qui se termine par -ent.
   → ....
3. ★ une phrase avec deux adverbes. → ....

Mon petit défi d'écrivain **Raconte un moment qui t'a fait peur.**

....

....

....

....

.... Mon nombre d'adverbes en **-ment** : ....

15 L'accord sujet-verbe : sujets avec un complément du nom

Repérer

1 Souligne les sujets et entoure leur nom noyau.

L'enfance d'Oliver Twist a été chaotique. Après sa naissance, le gérant d'une paroisse l'a recueilli. Puis le vieil homme a placé l'enfant dans un orphelinat. Les recherches de la paroisse n'avaient pas permis de retrouver le père d'Oliver. Or, cet orphelinat pour garçons ne traitait pas correctement les enfants. En effet, la bande de copains avait souvent faim. De plus, les garçons de la chambre voisine avaient pour habitude d'insulter Oliver Twist. La tristesse du petit garçon était visible dans ses yeux. En général, les sanglots d'Oliver l'empêchaient de parler à quiconque.

D'après Ch. Dickens, « Oliver Twist », Classiques et cie École, Hatier.

Raisonner et justifier

2 Entoure l'intrus de chaque liste et justifie ta réponse.

Liste 1 | les maracas de Max • le piano de Sam • la guitare de Léa • la flute d'Éli • le saxo d'Éva

Je justifie : ....

Liste 2 | les volets de la cuisine • le canapé du salon • les placards du couloir • les portes de la salle à manger • les meubles de la chambre

Je justifie : ....

Liste 3 | mon livre de français • votre leçon de géométrie • le cahier d'écriture • mes exercices d'orthographe • ton manuel d'anglais

Je justifie : ....

★ Liste 4 | trois choux à la crème • du gâteau aux amandes • des donuts à la fraise • plusieurs gaufres à la chantilly • deux charlottes aux pêches

Je justifie : ....

★ Liste 5 | l'énorme chat des voisins • la petite grenouille du jardin • le hamster beige de mamie • les deux gros chiens de mon père • la louve grise des bois

Je justifie : ....

3 Complète chaque phrase avec le verbe au temps indiqué. Entoure le mot qui t'a aidé à faire le bon accord.

1. La fille de mes voisins .... le ciel. (*admirer* à l'imparfait)
2. Le frère de Louna .... prêter ses jeux. (*aimer* au présent)
3. Les jumeaux de ta cousine .... fort. (*respirer* à l'imparfait)
4. Les maitresses de notre école .... les élèves à progresser. (*aider* au présent)
5. Ces danseuses de hip-hop .... leur chorégraphie. (*finir* au futur)
6. L'amie d'enfance de Léo .... en avance. (*arriver* au passé composé)

Écrire

4 Transforme les sujets du singulier au pluriel et souligne les changements.

1. Mon voisin de chambre ronfle souvent. → ....
2. La note de musique sonne faux. → ....
3. Cet oiseau d'Afrique migre ici tous les ans.
   → ....
4. Cette voiture blanche de démonstration roule à l'électricité.
   → ....
5. Le plus jeune élève de la classe a seulement huit ans.
   → ....

5 Avec la bonne orthographe, invente...

1. une phrase avec le sujet « ces règles en métal ».
   → ....
2. une phrase avec un sujet contenant un complément du nom.
   → ....

Mon petit défi d'écrivain **Écris un texte pour décrire l'intérieur de ta maison.**

....

....

....

....

....

....

.... Mon nombre de sujets avec un complément du nom : ....

16 L'accord du participe passé dans le groupe verbal

Repérer

1 Souligne les verbes conjugués et entoure les participes passés.

Un homme a adopté un âne. L'animal lui a rendu de nombreux services pendant plusieurs années. Un jour, il a songé à s'enfuir. Et la bête est partie. L'âne a suivi la route de Brême, il a pensé devenir musicien là-bas. Sur sa route, il a rencontré un chien, puis un chat, puis un coq. Les quatre animaux ont marché longtemps. Mais au bout d'un moment, ils ont commencé à avoir faim. Sur leur chemin, ils ont aperçu la lumière d'un logement. Cette maison était occupée par une bande de voleurs. Ils ont cherché un moyen de chasser ces brigands. Ils ont uni leur force pour les effrayer. Leur stratégie a bien fonctionné. Ils ont réussi à faire fuir les voleurs. Les quatre compagnons ont tellement apprécié cette demeure qu'elle est restée la leur.

D'après Grimm, « Les musiciens de la ville de Brême », Classiques et cie École, Hatier.

Raisonner et justifier

2 Entoure l'intrus de chaque liste et justifie ta réponse.

Liste 1 | vu • ému • eu • su • venu • prévu • menu • pu

Je justifie : ....

Liste 2 | il a marché • il est réveillé • il a sauté • il a glissé • il a dansé

Je justifie : ....

Liste 3 | cheminée • restée • année • journée • araignée • idée • fusée

Je justifie : ....

Liste 4 | elles sont arrivées • elles sont restées • elles ont discuté • elles sont parties • elles sont revenues

Je justifie : ....

★ Liste 5 | surgir • agir • revenir • sentir • maigrir • mentir • vieillir

Je justifie : ....

....

3 Écris la réponse et entoure ce qui t'a permis de savoir.

1. Elles sont sorties. **De qui parle-t-on :** *Leïla* **ou** *Leïla et sa sœur* **?** → ....
2. Elle est arrivée à l'heure. **De qui parle-t-on :** *Léo* **ou** *Chloé* **?** → ....
3. Ils ont marché. **De qui parle-t-on :** *Clément* **ou** *Clément et Marius* **?** → ....
4. ★ Je suis entrée. **Qui parle :** *Éliott* **ou** *Éléna* **?** → ....
5. ★ Vous êtes allés au parc. **De qui parle-t-on :** *mes amis* **ou** *mes amies* **?** → ....
6. ★ Camille est repartie. **De qui parle-t-on :** *un garçon* **ou** *une fille* **?** → ....

Écrire

4 Transforme ces phrases avec le sujet proposé.

1. Giany est tombé sur le dos d'un adversaire en plein match. → **Giany et Robin**

   ....

2. Papa et maman sont venus me rendre visite. → **Maman**

   ....

3. Le match a duré très longtemps. → **La rencontre**

   ....

4. ★ Les animaux de la ferme sont allés dans le poulailler. → **Les trois poules**

   ....

5 Avec la bonne orthographe, invente...

1. une phrase au passé composé avec un sujet au pluriel.

   → ....

2. une phrase au participe passé avec le verbe *aller* et un sujet au féminin.

   → ....

3. ★ une phrase au plus-que-parfait avec le verbe *monter*.

   → ....

Mon petit défi d'écrivain

Écris un texte au passé composé pour raconter tes vacances.

....

....

....

....

....

.... Mon nombre de participes passés : ....

17 Écrire les **noms** se terminant par **le son** (eur) ou par **le son** (oir)

Repérer

1 Souligne les noms se terminant par le son (eur) ou par le son (oir). Entoure leur terminaison.

Voici l'histoire d'une princesse orgueilleuse et pleine de pouvoir. Quand un prétendant venait la demander en mariage, elle lui donnait une énigme à résoudre. Il ne fallait faire aucune erreur. Un jour, un jeune tailleur voulut tenter sa chance et conquérir le cœur de la princesse. Il arriva avec une jolie fleur dans le couloir menant à la chambre de la princesse et finit par réussir l'énigme. Mais, la princesse, toujours en train de se regarder dans le miroir, n'en avait jamais assez. Le soir, elle demanda donc au jeune homme de passer la nuit avec un ours. Le petit tailleur avait peur mais il avait pensé à prendre des petites douceurs pour donner à la bête. Musicien et chanteur, le garçon se mit à jouer du violon plusieurs heures pour détendre l'animal. Victoire ! Il avait réussi à survivre. Et cette histoire est restée dans les mémoires.

D'après Grimm, « Le malin petit tailleur », Classiques et cie École, Hatier.

Raisonner et justifier

2 Entoure l'intrus de chaque liste et justifie ta réponse.

Liste 1 | histoire • mémoire • poire • armoire • laboratoire • victoire • baignoire

Je justifie : ....

Liste 2 | vapeur • conteur • odeur • lueur • erreur • douceur • humeur

Je justifie : ....

Liste 3 | réfectoire • répertoire • armoire • grimoire • croire • foire • gloire

Je justifie : ....

Liste 4 | vouloir • pleuvoir • miroir • voir • recevoir • percevoir • valoir

Je justifie : ....

★ Liste 5 | skieurs • danseurs • ingénieurs • plusieurs • moteurs • fleurs • auteurs

Je justifie : ....

3 **Complète chaque GN par le nom noyau qui convient. Explique ton choix.**

1. **Un** .... **très grand** → Quel est le nom noyau : **réfectoire** ou **foire** ?

   J'explique : ....

2. **Une** .... **moisie** → Quel est le nom noyau : **beurre** ou **poire** ?

   J'explique : ....

3. **Une** .... **bien remplie** → Quel est le nom noyau : **baignoire** ou **réservoir** ?

   J'explique : ....

4. ★ **Des**.................................. **passionnantes** → Quel est le nom noyau : **professeurs** ou **professeures** ?

   J'explique : ....

Écrire

4 **Complète avec les mots suivants bien accordés. Attention il y a deux intrus.**

gloire – sœur – territoire – conservateur – bonheur – conservatoire – vapeur

1. Ma .... me confie sa fille pendant deux jours.
2. Ce sportif est au sommet de sa ....
3. Il y a beaucoup de .... sur la vitre de la salle de bain.
4. Iban est inscrit au .... de musique.
5. ★ Nos .... se sont agrandis au Moyen Âge.

5 **Avec la bonne orthographe, invente...**

1. un GN au masculin singulier avec un nom en (oir). → ....
2. un GN au féminin pluriel avec un nom en (eur). → ....
3. un GN avec le nom « dessinateur » et un adjectif de ton choix.

   → ....

4. ★ une phrase contenant un nom en (eur) et un nom en (oir).

   → ....

Mon petit défi d'écrivain

Raconte ce que tu aimes. Utilise au moins deux noms se terminant par le son (eur) et deux noms par le son (oir) .

....

....

....

....

18 L'accord sujet-verbe : le cas des pronoms compléments

Repérer

1 Souligne les verbes et entoure les sujets de chaque phrase.

Deux fils de roi partent à l'aventure, sans donner de nouvelles à leurs parents. Leur jeune frère, appelé le Petit Nigaud, les recherche. Quand il les trouve, les deux frères se moquent de lui. Malgré tout, le frère cadet les suit. En chemin, il les empêche de détruire des fleurs. Un peu plus tard, ils arrivent dans un étrange château. Le domaine les inquiète. Ils y trouvent des hommes et des animaux changés en pierre. Les trois frères doivent alors réussir trois épreuves pour désenchanter le château. Les frères ainés échouent et se métamorphosent en pierre. Le Petit Nigaud les réussit toutes les unes après les autres avec l'aide de la reine des abeilles. Elle l'aide pour le remercier. Le petit Nigaud avait réussi à préserver les fleurs butinées par les abeilles.

D'après Grimm, « La reine des abeilles », Classiques et cie École, Hatier.

Raisonner et justifier

2 Entoure l'intrus de chaque liste et justifie ta réponse.

Liste 1 | Il le regarde. • Elle les regarde. • Paul la regarde. • Ils te regardent. • Marie me regarde.

Je justifie : ....

Liste 2 | Tu l'écoutes. • Il les écoute. • Tu m'écoutes. • Tu nous écoutes. • Tu les écoutes.

Je justifie : ....

Liste 3 | Tom et papa les réparent. • Tu les répares. • Mes voisins les réparent. • Ils les réparent. • Le garagiste et son stagiaire les réparent.

Je justifie : ....

Liste 4 | Adélia nous récitait sa poésie. • Lola te récitait sa poésie. • Cassandre me récitait sa poésie. • Les élèves lui récitaient la poésie. • La classe lui récitait sa poésie.

Je justifie : ....

3 **Complète chaque phrase avec le verbe au temps indiqué. Entoure le mot qui t'a aidé à faire le bon accord.**

1. Le collectionneur les .... ensemble. (*ranger* au présent)
2. Les voisines le .... (*dévisager* à l'imparfait)
3. Le chat la .... de loin. (*voir* au présent)
4. ★ Nos petits cousins en .... soin. (*prendre* au futur)
5. ★ Avec précaution, sa maman les lui .... (*confier* au présent)

Écrire

4 **Transforme ces phrases avec le sujet proposé.**

1. Notre enfant lui ressemble énormément. → **Mes enfants**

   ....

2. Mon professeur les connait tous. → **Les professeurs**

   ....

3. Steyn l'écrivait sur un carnet de notes. → **Steyn et son frère**

   ....

4. ★ Nous les achetions au marché de Bordeaux. → **Lucien**

   ....

5. ★ Tous les quatre ans, je la regardais à la télévision. → **Toute ma famille**

   ....

5 **Avec la bonne orthographe, invente...**

1. une phrase commençant par « Je les... ». → ....
2. une phrase commençant par « Mes parents me... ». → ....
3. ★ une phrase à l'imparfait contenant le pronom complément « l' ».

   → ....

Mon petit défi d'écrivain **Continue le texte. Utilise des pronoms compléments.**

Notre robot sait faire beaucoup de choses à la maison. ....

....

....

....

....

....

19 Choisir la bonne orthographe : ces ou ses ?

Repérer

1 Souligne les mots ces ou ses.

1. Un bucheron s'occupait de ses sept enfants.
2. Parmi ces sept enfants, le plus jeune semblait fragile.
3. Ce pauvre enfant était le souffre-douleur de la maison.
4. Ces sept garçons mouraient de faim parce que cette famille était pauvre.
5. Le bucheron voulait donc emmener ses enfants dans les bois pour les abandonner.
6. Ces bois étaient si profonds que les enfants ne retrouveraient pas leur chemin.
7. Le Petit Poucet avait tout entendu de la conversation de ses parents.
8. Mais, il décida de ne rien dire à ses frères.

D'après Perrault « Le Petit Poucet », Classiques et cie École, Hatier.

Raisonner et justifier

2 Complète chaque phrase par ces ou ses et coche la nature du mot manquant.

1. .... crayons à côté de ta trousse sont les miens.

Le mot manquant est : ☐ un déterminant démonstratif ☐ un déterminant possessif

2. Yann a oublié .... affaires, je vais lui en prêter.

Le mot manquant est : ☐ un déterminant démonstratif ☐ un déterminant possessif

3. Ma fille a bien rangé .... jupes et sa nouvelle tenue dans son armoire.

Le mot manquant est : ☐ un déterminant démonstratif ☐ un déterminant possessif

4. Oh, regarde comme .... étoiles sont magnifiques !

Le mot manquant est : ☐ un déterminant démonstratif ☐ un déterminant possessif

5. Le toit de .... écoles est en ardoise.

Le mot manquant est : ☐ un déterminant démonstratif ☐ un déterminant possessif

★ 6. Éléna observe attentivement .... plantes pour en choisir une pour son jardin.

Le mot manquant est : ☐ un déterminant démonstratif ☐ un déterminant possessif

3 Complète chaque phrase par ces ou ses et justifie ton choix.

1. Les élèves ont écrit des textes. Le maitre enregistre .... productions sur l'ordinateur.
   Je justifie : ....
2. Loïck a du mal à lire, car il a perdu .... lunettes.
   Je justifie : ....
3. Ma tante a rangé sa cave. Elle m'a donné .... anciens jeux.
   Je justifie : ....
4. Mes amis observent .... astres au télescope.
   Je justifie : ....
5. ★ Romi était absente hier. J'ai pris de .... nouvelles.
   Je justifie : ....

Écrire

4 Transforme ces phrases au pluriel et souligne les changements.

1. Son pneu est complètement à plat. → ....
2. Sa tenue lui plait beaucoup. → ....
3. Attention, cette voiture roule vite. → ....
4. Cet homme était de bons conseils. → ....
5. ★ Sa chemise est bien repassée. → ....
6. ★ Cette route semble totalement inondée. → ....

5 Avec la bonne orthographe, invente...

1. un GN au pluriel avec un déterminant démonstratif. → ....
2. une phrase avec le sujet « ses meilleurs amis ». → ....
3. ★ une phrase à l'imparfait avec un déterminant démonstratif au pluriel.
   → ....

Mon petit défi d'écrivain

Observe tes camarades et écris ce qu'ils sont en train de faire. Utilise les déterminants ces et ses.

....

....

....

....

Nombre de déterminants **ces** : .... Nombre de déterminants **ses** : ....

20 L'accord de l'adjectif attribut

Repérer

1 Entoure les sujets qui donnent l'accord à l'adjectif attribut souligné.

Il y avait une petite fille qui habitait dans un village. Elle était la plus jolie. Sa mère en était folle et sa grand-mère encore plus. Elle lui fit faire un chaperon de la couleur rouge, c'est ainsi qu'on la surnomma le petit chaperon rouge. Un jour, la vieille dame avait l'air souffrante. La jeune fille lui rendit visite pour prendre de ses nouvelles. Sur son chemin, elle rencontra un loup. L'animal semblait affamé. Quelques bucherons étaient présents dans la forêt, le loup n'osa donc pas la dévorer. Cependant, il restait malin. Il décida de la suivre et d'aller voir la grand-mère. Son chemin paraissait plus court. En effet, il arriva le premier. Quand la vieille dame entendit du bruit, elle resta allongée, mais le loup tira la chevillette, et la porte s'ouvrit.

D'après Perrault, « Le petit chaperon rouge», Classiques et cie École, Hatier.

Raisonner et justifier

2 Entoure l'intrus de chaque liste et justifie ta réponse.

Liste 1 | verte • bleue • coloré • claire • noire • foncée • blanche.

Je justifie : ....

Liste 2 | spéciaux • costauds • beau • chauds • originaux • rigolos • normaux.

Je justifie : ....

Liste 3 | Ce lion est effrayant. • Cet homme est habile. • La classe est agitée. • L'élève est concentré. • Le chien et le cheval sont dressés. • La brebis est égarée.

Je justifie : ....

Liste 4 | Les garçons étaient affamés. • Roméo et Victor semblaient pressés. • Les deux frères paraissaient déterminés. • Les copines restaient soudées. • Ils devenaient musclés.

Je justifie : ....

★ Liste 5 | Tu restais polie. • Mon ami parait énervé. • Elle sera stressée. • Marine a l'air inquiète. • Je semble fatiguée.

Je justifie : ....

3 Entoure l'adjectif attribut qui convient et justifie ta réponse.

1. Cette tenue de soirée était **élégante / élégantes**.

   Je justifie : ....

2. Ces petits bruits devenaient **insupportables / insupportable**.

   Je justifie : ....

3. ★ Les nouvelles machines sont devenues **surpuissants / surpuissantes**.

   Je justifie : ....

4. ★ Léo et Benjamin semblaient très **timides / timide**.

   Je justifie : ....

Écrire

4 Transforme ces phrases avec le sujet proposé.

1. Ce soir, Alexandre reste seul à la maison. → **Alexandre et ses frères**

   ....

2. La vipère avait l'air minuscule. → **Les vipères**

   ....

3. De nos jours, le lion blanc est très rare. → **Le lion blanc et la hyène**

   ....

4. ★ Le jeune joueur semble blessé. → **Les deux nouvelles recrues**

   ....

5. ★ Le bourgeon de la tulipe est rouge et blanc. → **Les tulipes**

   ....

5 Avec la bonne orthographe, invente...

1. une phrase qui se termine par « sont neuves ». → ....
2. une phrase avec deux adjectifs attributs du sujet.

   → ....

Mon petit défi d'écrivain

Écris un texte pour décrire ton animal préféré.

....

....

....

....

.... Mon nombre d'adjectifs attributs du sujet : ....

21 L'accord sujet-verbe : sujet inversé ou éloigné

Repérer

1 Souligne le verbe et entoure le sujet de chaque phrase.

Dans un château vivaient un roi et une reine tristes d'être sans enfants.
Pourtant, un jour, la reine tomba enceinte. La jeune femme heureuse accoucha d'une fille.
La petite princesse, lors de son baptême, reçut des dons, de la part de sept fées. Toute la famille, afin de les remercier, prépara un grand festin.
Au début du repas entra une vieille fée. Elle n'était pas invitée.
Celle-ci, en colère, grommela quelques menaces entre ses dents.
Quel sort allait-elle réserver à la famille de la jeune princesse ?

D'après Perrault, *La Belle au Bois Dormant*, Classiques et cie École, Hatier.

Raisonner et justifier

2 Entoure l'intrus de chaque liste et justifie ta réponse.

Liste 1 | Dans le ciel vole le pigeon. • Dans le ciel vole l'hirondelle. • Dans le ciel vole la pie. • Dans le ciel volent les colombes. • Dans le ciel vole le corbeau.

Je justifie : ....

Liste 2 | Que regardes-tu à la télévision ? • Que mangent tes enfants le midi ? • Que distribues-tu dans le quartier ? • Que racontes-tu à tes élèves ? • Que laves-tu avec cette éponge ?

Je justifie : ....

Liste 3 | Où se cachent tes chiens ? • Où se réfugient les petits lapins ? • Où se déplacent les trois poules ? • Où se dirigent les cochons ? • Où se promène ton chaton ?

Je justifie : ....

★ Liste 4 | Louanne, sans y croire, a réussi son exercice. •
Kaïs, sans le vouloir, a terminé en avance. •
Eva, sans se fatiguer, a fini sa mission. •
Karim et Elona, sans faire exprès, ont lu le même livre.

Je justifie : ....

3 Complète chaque phrase avec le verbe au temps indiqué et explique ton choix.

1. Dans cette lettre .... des preuves. (*se cacher* au présent)

   J'explique : ....

2. Dans le jardin, ... la mauvaise herbe. (*pousser* au futur)

   J'explique : ....

3. Que .... les élèves dans le couloir ? (*faire* à l'imparfait)

   J'explique : ....

Écrire

4 Transforme ces phrases avec le sujet proposé.

1. Sous les chênes, poussent de jolis champignons. → **une dizaine de girolles**

   ....

2. Veux-tu aller au cinéma ce soir ? → **vous**

   ....

3. ★ À quelle heure arrivent tes invités ce soir ? → **toute ta famille**

   ....

4. ★ Hier, Nathan, comme à son habitude, a préféré monter dans sa chambre. → **Sam et Éva**

   ....

5 Avec la bonne orthographe, invente...

1. une phrase interrogative qui commence par « Que ». → ....

2. une phrase qui contient un sujet éloigné.

   → ....

3. ★ une phrase qui contient un sujet inversé et qui commence par « Sur la côte landaise ».

   → ....

Mon petit défi d'écrivain

Écris un texte pour décrire une balade en forêt.

....

....

....

....

....

.... Mon nombre de sujets inversés ou éloignés : ....

22 Choisir la bonne orthographe : leur ou leurs ?

Repérer

1 Entoure les mots leur ou leurs et souligne le mot qui suit.

Dédale et son fils Icare ont mis leurs connaissances au service de Minos, le roi de Crête.
Ce dernier leur avait demandé de construire un labyrinthe pour y enfermer le Minotaure. Dédale et son fils ont utilisé leurs outils pour bâtir cette œuvre architecturale. Mais pour protéger le secret du labyrinthe, Minos leur a bloqué les deux sorties possibles. Il leur a été impossible de s'échapper, ni par la terre ni par la mer.
Devenus prisonniers de leur propre construction, ils désiraient quitter ce lieu maudit. Ils ont alors uni leurs forces pour fuir par le ciel !

D'après Ovide, « Icare, Narcisse, Daphné et autres mythes », Classiques et cie École, Hatier.

Raisonner et justifier

2 Complète la phrase par leur ou leurs et coche la nature du mot manquant.

1. Hier matin, Louanne et Léxie ont récité .... poésie.
   Le mot manquant est : ☐ un déterminant au singulier ☐ un déterminant au pluriel ☐ un pronom
2. C'est vraiment .... livre préféré !
   Le mot manquant est : ☐ un déterminant au singulier ☐ un déterminant au pluriel ☐ un pronom
3. Mon père .... faisait vraiment confiance.
   Le mot manquant est : ☐ un déterminant au singulier ☐ un déterminant au pluriel ☐ un pronom
4. Avez-vous vu .... affaires ?
   Le mot manquant est : ☐ un déterminant au singulier ☐ un déterminant au pluriel ☐ un pronom
5. Léna .... explique la nouvelle leçon.
   Le mot manquant est : ☐ un déterminant au singulier ☐ un déterminant au pluriel ☐ un pronom
6. .... amis sont arrivés en retard au spectacle.
   Le mot manquant est : ☐ un déterminant au singulier ☐ un déterminant au pluriel ☐ un pronom

3 Remplace le mot souligné par leur ou leurs et explique ton choix.

1. Shanna et Morgane ont attrapé .... cahiers.

   J'explique : ....

2. Les peintres ont utilisé .... nouveau pinceau.

   J'explique : ....

3. Le serveur .... a rapidement apporté le dessert.

   J'explique : ....

4. ★ Le voisin .... a rendu .... plats en verre.

   J'explique : ....

   ....

Écrire

4 Transforme ces phrases avec le sujet proposé.

1. Les deux motos roulaient très vite sur l'autoroute. → **leur voiture**

   ....

2. Hier soir, le bracelet a disparu. → **leurs bijoux**

   ....

3. ★ Ma petite sœur leur vend des tickets de tombola. → **mes frères et sœurs**

   ....

4. ★ Les footballeurs français s'encouragent durant leur match. → **leur équipe**

   ....

5 Avec la bonne orthographe, invente...

1. un GN avec le déterminant « leurs ». → ....
2. une phrase avec le sujet « leur chien ». → ....
3. ★ Une phrase avec « leur » et « leurs ». → ....

Mon petit défi d'écrivain

Écris des phrases pour parler de tes amis. Utilise au moins deux fois les mots leur et leurs.

....

....

....

....

....

23 Choisir la bonne orthographe pour le son (é) (révisions)

S'entrainer

1 Complète ce texte avec les mots en (é) proposés. Attention aux accords !

Noms : année, rocher, mariée, escalier
Verbes : dégouter, marier, visiter
Adjectifs : décoré, doré, désespéré, pressé, abandonné
Participe passé : épousé

Il était une fois un homme riche qui avait des meubles richement .... et des carrosses .... Mais par malheur, cet homme avait aussi la barbe bleue, ce qui pouvait .... toutes les filles. Il avait déjà .... plusieurs femmes mais on ne savait pas ce qu'elles étaient devenues.

Une .... plus tard, l'homme voulut se .... avec l'une de ses voisines. Cette femme était si belle et si ...., qu'elle aurait attendri un ....

Pendant l'absence de son nouveau mari, la jeune .... avait le droit de faire ce qu'elle voulait sauf de .... le petit appartement de la maison. Mais, elle était si curieuse et ...., que sans attendre, elle descendit très vite par un petit ....

Qu'allait-elle découvrir dans cet endroit .... ?

D'après Perrault, « Des contes pour réfléchir », Classiques et cle École, Hatier.

2 Complète les mots qui se terminent par le son (é).

1. Tu as **nettoy**.......... le nouveau **planch**..........
2. J'ai fini par **observ**.......... la **gait**.......... sur son visage.
3. Le **caissi**.......... avait **travaill**.......... tout l'**ét**..........
4. Les **polici**.......... ont fini par **libér**.......... le **prisonni**..........

3 Écoute les phrases dictées.

1. ....
2. ....
3. ....
4. ....
....

Écrire

4 Avec la bonne orthographe, invente...

1. un GN au masculin pluriel avec un nom en (é). → ....
2. un GN au féminin singulier avec un adjectif en (é). → ....
3. une phrase au passé composé avec un verbe du 1er groupe.
   → ....
4. ★ une phrase avec trois mots contenant le son (é).
   → ....
5. ★ une phrase au plus-que-parfait avec un sujet contenant le son (é).
   → ....

Mon petit défi d'écrivain

Tu reviens d'une planète inconnue. Raconte ce que tu as vu. Utilise le maximum de mots se terminant par le son (é).

....

Mon nombre de mots qui se terminent par le son (é) : ....

24 Les accords dans la phrase (révisions)

S'entrainer

1 Écris le texte en remplaçant « Clément » par « Clément et Iban ». Fais tous les changements nécessaires.

Ce matin, Clément a préparé ses affaires pour l'école. Il a d'abord pris sa douche et a déjeuné dans la cuisine en pensant à sa journée. Le jeune garçon est ensuite parti à l'école à pied. Il a un peu trainé en chemin. L'élève de CM2 était stressé par la récitation de sa poésie prévue l'après-midi. Il n'était donc pas à l'heure. Quand il est entré dans la classe, tous ses camarades avaient commencé à écrire. L'écolier était pressé de s'installer pour passer inaperçu.

....

....

....

....

....

....

....

....

....

....

....

....

....

....

2 Écoute les phrases dictées.

1. ....
2. ....
3. ....
4. ....

Écrire

3 Avec la bonne orthographe, invente…

1. une phrase au présent avec un sujet au pluriel.

→ ……………………………………………………………………………………

2. une phrase au passé composé avec le sujet « Mario et Luigi ».

→ ……………………………………………………………………………………

3. une phrase avec un sujet au féminin et le verbe *paraitre*.

→ ……………………………………………………………………………………

4. une phrase interrogative au passé composé.

→ ……………………………………………………………………………………

Mon petit défi d'écrivain

Écris la suite de l'histoire.

Un roi a trois fils. Les deux ainés paraissent très intelligents, mais le plus jeune est simple d'esprit et parle peu. ……………………………………………………

Mon mémo 1

L'accord dans le groupe nominal

Dans le GN, **le nom noyau** donne l'accord en genre et en nombre au déterminant et à l'adjectif.

D N(noyau)
- **ton cahier**
  MASCULIN SINGULIER

D N(noyau) Adj
- **sa chemise bleue**
  FÉMININ SINGULIER

D N(noyau)
- **tes cahiers**
  MASCULIN PLURIEL

D N(noyau) Adj
- **ses chemises bleues**
  FÉMININ PLURIEL

POUR VÉRIFIER QU'UN GN EST BIEN ACCORDÉ :

1. Je repère le N(noyau)

2. Je m'interroge : est-il masculin ou féminin ? Singulier ou pluriel ?

3. Je vérifie que le déterminant et l'adjectif sont bien accordés : D+N+Adj

Mon mémo 1

L'accord dans le groupe nominal

Dans le GN, **le nom noyau** donne l'accord en genre et en nombre au déterminant et à l'adjectif.

D N~noyau~
- **ton cahier** — MASCULIN SINGULIER

D N~noyau~ Adj
- **sa chemise bleue** — FÉMININ SINGULIER

D N~noyau~
- **tes cahiers** — MASCULIN PLURIEL

D N~noyau~ Adj
- **ses chemises bleues** — FÉMININ PLURIEL

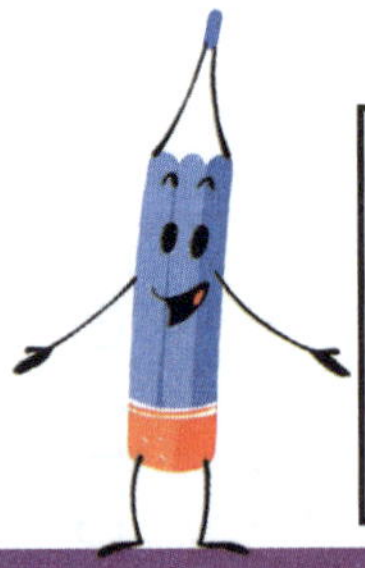

POUR VÉRIFIER QU'UN GN EST BIEN ACCORDÉ :

1. Je repère le N noyau

2. Je m'interroge : est-il masculin ou féminin ? Singulier ou pluriel ?

3. Je vérifie que le déterminant et l'adjectif sont bien accordés : D+N+Adj

Mon mémo 1

L'accord dans le groupe nominal

Dans le GN, le nom noyau donne l'accord en genre et en nombre au déterminant et à l'adjectif.

D N noyau
ton cahier — MASCULIN SINGULIER

D N noyau Adj
sa chemise bleue — FÉMININ SINGULIER

D N noyau
tes cahiers — MASCULIN PLURIEL

D N noyau Adj
ses chemises bleues — FÉMININ PLURIEL

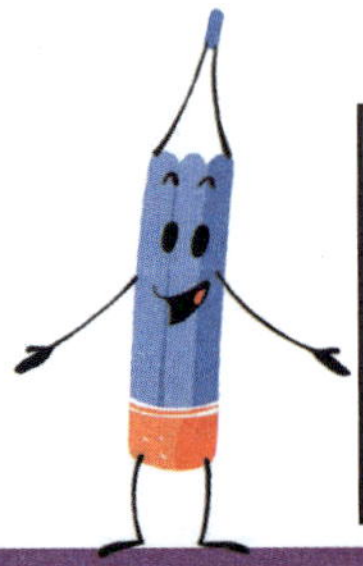

POUR VÉRIFIER QU'UN GN EST BIEN ACCORDÉ :

1. Je repère le N noyau

2. Je m'interroge : est-il masculin ou féminin ? Singulier ou pluriel ?

3. Je vérifie que le déterminant et l'adjectif sont bien accordés : D+N+Adj

Mon mémo 2

L'accord sujet-verbe

Dans la phrase, **le sujet** donne l'accord au verbe.

S SINGULIER — V SINGULIER

▶ **Ce soir, le sportif s'entraine sérieusement.**

S PLURIEL — V PLURIEL

▶ **Ce soir, les sportifs s'entrainent sérieusement.**

POUR VÉRIFIER L'ACCORD ENTRE LE SUJET ET LE VERBE :

1. Je repère le V en changeant le temps de la phrase.

2. Je repère le S en me demandant "Qui est-ce qui .... " ? ou "Qu'est-ce qui .... " ?

3. Je m'interroge : le sujet est-il singulier ou pluriel ?

4. Je vérifie que le sujet et le verbe sont bien accordés : S V

Mon mémo 2

L'accord sujet-verbe

Dans la phrase, le sujet donne l'accord au verbe.

S SINGULIER — V SINGULIER

▶ **Ce soir, le sportif s'entraine sérieusement.**

S PLURIEL — V PLURIEL

▶ **Ce soir, les sportifs s'entrainent sérieusement.**

POUR VÉRIFIER L'ACCORD ENTRE LE SUJET ET LE VERBE :

1. Je repère le V en changeant le temps de la phrase.
2. Je repère le S en me demandant "Qui est-ce qui .... " ? ou "Qu'est-ce qui .... " ?
3. Je m'interroge : le sujet est-il singulier ou pluriel ?
4. Je vérifie que le sujet et le verbe sont bien accordés : S V

Mon mémo 2

L'accord sujet-verbe

Dans la phrase, le sujet donne l'accord au verbe.

S SINGULIER — V SINGULIER

▶ Ce soir, le sportif s'entraine sérieusement.

S PLURIEL — V PLURIEL

▶ Ce soir, les sportifs s'entrainent sérieusement.

POUR VÉRIFIER L'ACCORD ENTRE LE SUJET ET LE VERBE :

1. Je repère le V en changeant le temps de la phrase.
2. Je repère le S en me demandant "Qui est-ce qui .... " ? ou "Qu'est-ce qui .... " ?
3. Je m'interroge : le sujet est-il singulier ou pluriel ?
4. Je vérifie que le sujet et le verbe sont bien accordés : S V

Mon mémo 3

Écrire le pluriel des noms et des adjectifs

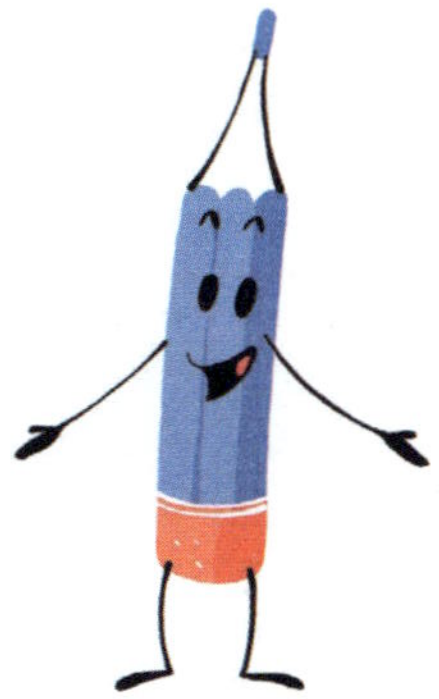

Le plus souvent, les noms et les adjectifs prennent un **s** au pluriel.

une jeune fille ▶ ***des jeunes filles***

- Les noms qui se terminent par **-ail** prennent un **s** au pluriel. ▶ ***des détails***
  SAUF : un travail → des travaux un vitrail → des vitraux
- Les noms qui se terminent par **-ou** prennent un **s** au pluriel. ▶ ***des clous***
  SAUF : des hiboux, des choux, des cailloux, des genoux, des poux, des joujoux, des bijoux
- Les noms et adjectifs qui se terminent par **-au, -eau** ou **-eu** prennent un **x** au pluriel. ▶ ***ces beaux jeux***
  SAUF : des landaus, des pneus, des bleus, bleus…
- Les noms et adjectifs qui se terminent par **-al** font leur pluriel en **-aux**. ▶ ***des chevaux géniaux***
  SAUF : des carnavals, des festivals, banals…
- Les noms et adjectifs qui se terminent au singulier par :
  s *(corps)*, **x** *(noix)*, **z** *(nez)* **ne changent pas** au pluriel. ***le pays merveilleux*** ▶ ***les pays merveilleux***

Mon mémo 3

Écrire le pluriel des noms et des adjectifs

Le plus souvent, les noms et les adjectifs prennent un **s** au pluriel.

une jeune fille ▶ ***des jeunes filles***

- Les noms qui se terminent par **-ail** prennent un **s** au pluriel. ▶ ***des détails***
  SAUF : un travail → des travaux un vitrail → des vitraux

- Les noms qui se terminent par **-ou** prennent un **s** au pluriel. ▶ ***des clous***
  SAUF : des hiboux, des choux, des cailloux, des genoux, des poux, des joujoux, des bijoux

- Les noms et adjectifs qui se terminent par **-au, -eau** ou **-eu** prennent un **x** au pluriel. ▶ ***ces beaux jeux***
  SAUF : des landaus, des pneus, des bleus, bleus...

- Les noms et adjectifs qui se terminent par **-al** font leur pluriel en **-aux**. ▶ ***des chevaux géniaux***
  SAUF : des carnavals, des festivals, banals...

- Les noms et adjectifs qui se terminent au singulier par :
  s (*corps*), **x** (*noix*), **z** (*nez*) **ne changent pas** au pluriel. ***le pays merveilleux*** ▶ ***les pays merveilleux***

Mon mémo 3

Écrire le pluriel des noms et des adjectifs

Le plus souvent, les noms et les adjectifs prennent un **s** au pluriel.

une jeune fille ▶ ***des jeunes filles***

- Les noms qui se terminent par **-ail** prennent un **s** au pluriel. ▶ ***des détails***
  SAUF : un travail → des travaux un vitrail → des vitraux

- Les noms qui se terminent par **-ou** prennent un **s** au pluriel. ▶ ***des clous***
  SAUF : des hiboux, des choux, des cailloux, des genoux, des poux, des joujoux, des bijoux

- Les noms et adjectifs qui se terminent par **-au, -eau** ou **-eu** prennent un **x** au pluriel. ▶ ***ces beaux jeux***
  SAUF : des landaus, des pneus, des bleus, bleus...

- Les noms et adjectifs qui se terminent par **-al** font leur pluriel en **-aux**. ▶ ***des chevaux géniaux***
  SAUF : des carnavals, des festivals, banals...

- Les noms et adjectifs qui se terminent au singulier par :
  s (*corps*), **x** (*noix*), **z** (*nez*) **ne changent pas** au pluriel. ***le pays merveilleux*** ▶ ***les pays merveilleux***

Mon mémo 4

Choisir la bonne orthographe : as, a, à ?

Je dois connaitre **la nature** de ces mots.

as ou **a**

sont des formes conjuguées du verbe **AVOIR**.

S V

▶ **Tu as du travail à faire.** (avais)

S V

▶ **Zoé a du travail à faire.** (avait)

à

est une **préposition**, un mot invariable qui introduit un complément.

S V Prép

▶ **Zoé a du travail à faire.**

POUR RECONNAITRE LE VERBE AVOIR :

1. Je change le temps de la phrase, à l'imparfait par exemple.

2. Si **a** devient **"avait"** alors c'est le verbe avoir.

Si **as** devient **"avais"** alors c'est le verbe avoir à la 2ème personne du singulier.

Mon mémo 4

Choisir la bonne orthographe : as, a, à ?

Je dois connaitre **la nature** de ces mots.

as ou **a**

sont des formes conjuguées du verbe **AVOIR**.

S V

▶ **Tu as du travail à faire.** (avais)

S V

▶ **Zoé a du travail à faire.** (avait)

à

est une **préposition**, un mot invariable qui introduit un complément.

S V Prép

▶ **Zoé a du travail à faire.**

POUR RECONNAITRE LE VERBE AVOIR :

1. Je change le temps de la phrase, à l'imparfait par exemple.

2. Si **a** devient **"avait"** alors c'est le verbe avoir.

Si **as** devient **"avais"** alors c'est le verbe avoir à la 2ème personne du singulier.

Mon mémo 4

Choisir la bonne orthographe : as, a, à ?

Je dois connaitre **la nature** de ces mots.

as ou **a**

sont des formes conjuguées du verbe **AVOIR**.

S V

▶ **Tu as du travail à faire.** (avais)

S V

▶ **Zoé a du travail à faire.** (avait)

à

est une **préposition**, un mot invariable qui introduit un complément.

S V Prép

▶ **Zoé a du travail à faire.**

POUR RECONNAITRE LE VERBE AVOIR :

1. Je change le temps de la phrase, à l'imparfait par exemple.

2. Si **a** devient **"avait"** alors c'est le verbe avoir.

Si **as** devient **"avais"** alors c'est le verbe avoir à la 2ème personne du singulier.

Mon mémo 4

Choisir la bonne orthographe : on, ont ?

Je dois connaitre **la nature** de ces mots.

on

est un **pronom** personnel.

Pro S V

▸ **Aujourd'hui, on a du travail.**

ont

est une forme conjuguée du verbe **AVOIR**.

S V

▸ **Les élèves ont du travail.** (avaient)

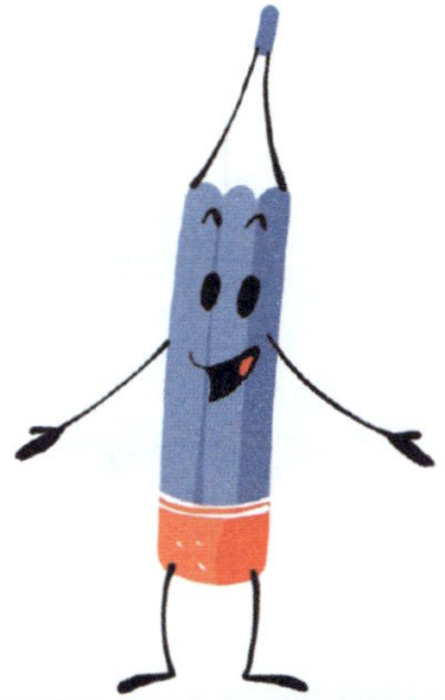

POUR RECONNAITRE LE VERBE AVOIR :

1. Je change le temps de la phrase, à l'imparfait par exemple.

2. Si **ont** devient **"avaient"** alors c'est le verbe avoir.

Mon mémo 4

Choisir la bonne orthographe : on, ont ?

Je dois connaitre **la nature** de ces mots.

on

est un **pronom** personnel.

Pro — S V

▶ **Aujourd'hui, on a du travail.**

ont

est une forme conjuguée du verbe **AVOIR**.

S V

▶ **Les élèves ont du travail.** (avaient)

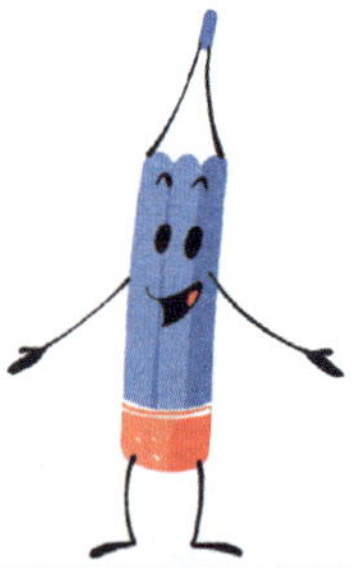

POUR RECONNAITRE LE VERBE AVOIR :

1. Je change le temps de la phrase, à l'imparfait par exemple.
2. Si **ont** devient **"avaient"** alors c'est le verbe avoir.

Mon mémo 4

Choisir la bonne orthographe : on, ont ?

Je dois connaitre **la nature** de ces mots.

on

est un **pronom** personnel.

Pro — S V

▶ **Aujourd'hui, on a du travail.**

ont

est une forme conjuguée du verbe **AVOIR**.

S V

▶ **Les élèves ont du travail.** (avaient)

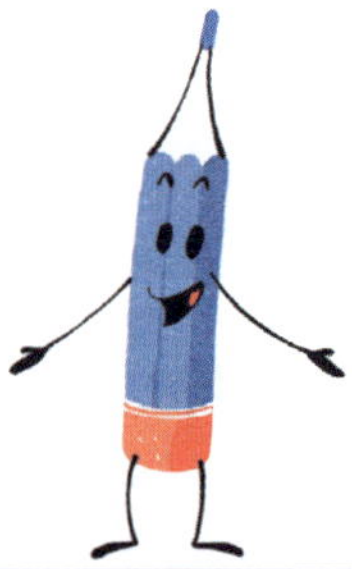

POUR RECONNAITRE LE VERBE AVOIR :

1. Je change le temps de la phrase, à l'imparfait par exemple.
2. Si **ont** devient **"avaient"** alors c'est le verbe avoir.

Mon mémo 5

L'accord dans le groupe nominal enrichi

Dans un GN, on apporte **des précisions sur le nom noyau** en utilisant :

- un ou plusieurs adjectifs épithètes

D Adj N(noyau) Adj

▸ **sa grande chemise bleue**

FÉMININ
SINGULIER

- un complément du nom

(introduit par une préposition)

D N(noyau) Prép

▸ **les bijoux de Zoé**

MASCULIN
PLURIEL

COMPLÉMENT DU NOM
BIJOUX

Dans un GN, le nom noyau donne l'accord en genre et en nombre seulement au déterminant et aux adjectifs.

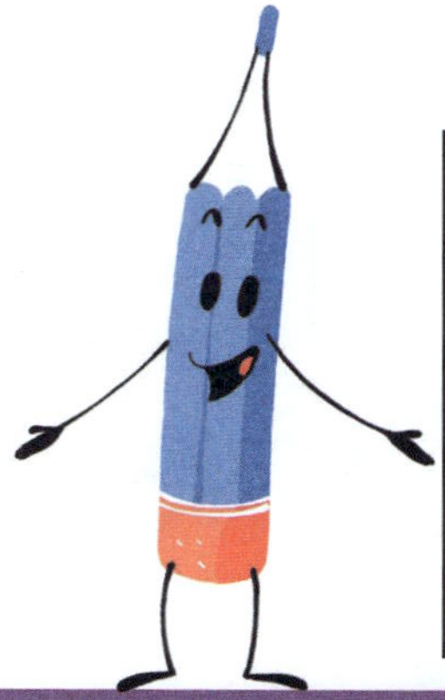

POUR VÉRIFIER QU'UN GN ENRICHI EST BIEN ACCORDÉ :

1. Je repère le N(noyau)

2. Je m'interroge : est-il masculin ou féminin ? Singulier ou pluriel ?

3. Je vérifie que le déterminant et les adjectifs sont bien accordés : D+A+N+A

Mon mémo 5

L'accord dans le groupe nominal enrichi

Dans un GN, on apporte **des précisions sur le nom noyau** en utilisant :

- un ou plusieurs adjectifs épithètes

D Adj N noyau Adj

▶ **sa grande chemise bleue**

FÉMININ SINGULIER

- un complément du nom (introduit par une préposition)

D N noyau Prép

▶ **les bijoux de Zoé**

MASCULIN PLURIEL

COMPLÉMENT DU NOM BIJOUX

Dans un GN, le nom noyau donne l'accord en genre et en nombre seulement au déterminant et aux adjectifs.

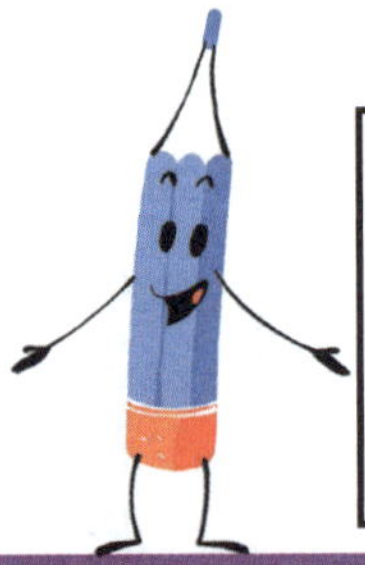

POUR VÉRIFIER QU'UN GN ENRICHI EST BIEN ACCORDÉ :

1. Je repère le N noyau

2. Je m'interroge : est-il masculin ou féminin ? Singulier ou pluriel ?

3. Je vérifie que le déterminant et les adjectifs sont bien accordés : D+A+N+A

Mon mémo 5

L'accord dans le groupe nominal enrichi

Dans un GN, on apporte des précisions sur le nom noyau en utilisant :

- un ou plusieurs adjectifs épithètes

D Adj N noyau Adj

▶ sa grande chemise bleue

FÉMININ SINGULIER

- un complément du nom (introduit par une préposition)

D N noyau Prép

▶ les bijoux de Zoé

MASCULIN PLURIEL

COMPLÉMENT DU NOM BIJOUX

Dans un GN, le nom noyau donne l'accord en genre et en nombre seulement au déterminant et aux adjectifs.

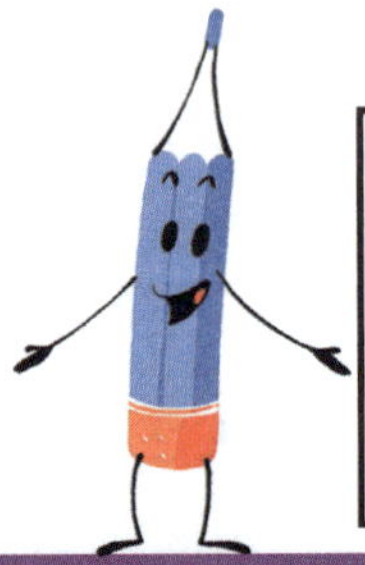

POUR VÉRIFIER QU'UN GN ENRICHI EST BIEN ACCORDÉ :

1. Je repère le N noyau

2. Je m'interroge : est-il masculin ou féminin ? Singulier ou pluriel ?

3. Je vérifie que le déterminant et les adjectifs sont bien accordés : D+A+N+A

Mon mémo 6

L'accord sujet-verbe : sujets multiples

Le sujet d'un verbe est multiple **s'il est constitué de plusieurs éléments**. Dans ce cas, le sujet et le verbe sont **au pluriel**.

S PLURIEL — V PLURIEL

▶ **Tous les jours, Clément et Eva jouent au basket.**

ils

S PLURIEL — V PLURIEL

▶ **Maël et ses sœurs habitent près de l'école.**

ils

POUR VÉRIFIER L'ACCORD ENTRE LE SUJET ET LE VERBE :

1. Je repère le V en changeant le temps de la phrase.

2. Je repère le S en me demandant "Qui est-ce qui .... " ? ou "Qu'est-ce qui .... " ?

3. Je m'interroge : le sujet est-il singulier ou pluriel ?

4. Je vérifie que le sujet et le verbe sont bien accordés : S V

Mon mémo 6

L'accord sujet-verbe : sujets multiples

Le sujet d'un verbe est multiple **s'il est constitué de plusieurs éléments**. Dans ce cas, le sujet et le verbe sont **au pluriel**.

S PLURIEL — V PLURIEL

▶ **Tous les jours, Clément et Eva jouent au basket.**

ils

S PLURIEL — V PLURIEL

▶ **Maël et ses sœurs habitent près de l'école.**

ils

POUR VÉRIFIER L'ACCORD ENTRE LE SUJET ET LE VERBE :

1. Je repère le V en changeant le temps de la phrase.

2. Je repère le S en me demandant "Qui est-ce qui .... " ? ou "Qu'est-ce qui .... " ?

3. Je m'interroge : le sujet est-il singulier ou pluriel ?

4. Je vérifie que le sujet et le verbe sont bien accordés : S V

Mon mémo 6

L'accord sujet-verbe : sujets multiples

Le sujet d'un verbe est multiple **s'il est constitué de plusieurs éléments**. Dans ce cas, le sujet et le verbe sont **au pluriel**.

S PLURIEL — V PLURIEL

▶ **Tous les jours, Clément et Eva jouent au basket.**

ils

S PLURIEL — V PLURIEL

▶ **Maël et ses sœurs habitent près de l'école.**

ils

POUR VÉRIFIER L'ACCORD ENTRE LE SUJET ET LE VERBE :

1. Je repère le V en changeant le temps de la phrase.

2. Je repère le S en me demandant "Qui est-ce qui .... " ? ou "Qu'est-ce qui .... " ?

3. Je m'interroge : le sujet est-il singulier ou pluriel ?

4. Je vérifie que le sujet et le verbe sont bien accordés : S V

Mon mémo 7

Écrire le son é à la fin des noms

- **Les noms féminins** qui se terminent par le son é s'écrivent **-ée.** ▸ **ta poupée**

  SAUF : la clé

- **Les noms féminins** en té ou en tié s'écrivent **-é.** ▸ **la beauté** ▸ **une moitié**

  SAUF : la dictée, la montée, la jetée,
  la portée, la pâtée…

- **Les noms masculins** qui se terminent par le son é s'écrivent **-er.** ▸ **un quartier**

  SAUF : le nez, le pied, le café, le côté…
  le musée, le trophée, le lycée, le scarabée, l'apogée…

Mon mémo 7

Écrire le son (é) à la fin des noms

- **Les noms féminins** qui se terminent par le son (é) s'écrivent **-ée.** ▶ **ta poup*ée***

  SAUF : la cl**é**

- **Les noms féminins** en (té) ou en (tié) s'écrivent **-é.** ▶ **la beaut*é*** ▶ **une moiti*é***

  SAUF : la dict**ée**, la mont**ée**, la jet**ée**,
  la port**ée**, la pât**ée**…

- **Les noms masculins** qui se terminent par le son (é) s'écrivent **-er.** ▶ **un quarti*er***

  SAUF : le n**ez**, le pi**ed**, le caf**é**, le côt**é**…
  le mus**ée**, le troph**ée**, le lyc**ée**, le scarab**ée**, l'apog**ée**…

Mon mémo 7

Écrire le son (é) à la fin des noms

- **Les noms féminins** qui se terminent par le son (é) s'écrivent **-ée.** ▶ **ta poup*ée***

  SAUF : la cl**é**

- **Les noms féminins** en (té) ou en (tié) s'écrivent **-é.** ▶ **la beaut*é*** ▶ **une moiti*é***

  SAUF : la dict**ée**, la mont**ée**, la jet**ée**,
  la port**ée**, la pât**ée**…

- **Les noms masculins** qui se terminent par le son (é) s'écrivent **-er.** ▶ **un quarti*er***

  SAUF : le n**ez**, le pi**ed**, le caf**é**, le côt**é**…
  le mus**ée**, le troph**ée**, le lyc**ée**, le scarab**ée**, l'apog**ée**…

Mon mémo 8

Choisir la bonne orthographe : es, est, et ?

Je dois connaitre la nature de ces mots.

es ou est

sont des formes conjuguées du verbe **ÊTRE**.

S V

▶ **Le soir, tu es au basket.**

(étais)

S V

▶ **Le soir, Léo est au basket.**

(était)

et

est une **conjonction de coordination**, un mot invariable qui relie deux mots ou deux groupes de mots.

S V C

▶ **Au basket , tu es avec Léa et Chloé.**

POUR RECONNAITRE LE VERBE ÊTRE :

1. Je change le temps de la phrase, à l'imparfait par exemple.

2. Si **est** devient **"était"** alors c'est le verbe être.

Si **es** devient **"étais"** alors c'est le verbe être à la 2ème personne du singulier.

Mon mémo 8

Choisir la bonne orthographe : es, est, et ?

Je dois connaitre la nature de ces mots.

es ou **est**

sont des formes conjuguées du verbe **ÊTRE**.

S V

▶ **Le soir, tu es au basket.** (étais)

S V

▶ **Le soir, Léo est au basket.** (était)

et

est une **conjonction de coordination**, un mot invariable qui relie deux mots ou deux groupes de mots.

S V C

▶ **Au basket , tu es avec Léa et Chloé.**

POUR RECONNAITRE LE VERBE ÊTRE :

1. Je change le temps de la phrase, à l'imparfait par exemple.

2. Si **est** devient **"était"** alors c'est le verbe être.

Si **es** devient **"étais"** alors c'est le verbe être à la 2ème personne du singulier.

Mon mémo 8

Choisir la bonne orthographe : es, est, et ?

Je dois connaitre la nature de ces mots.

es ou est

sont des formes conjuguées du verbe ÊTRE.

S V

▶ Le soir, tu es au basket. (étais)

S V

▶ Le soir, Léo est au basket. (était)

et

est une conjonction de coordination, un mot invariable qui relie deux mots ou deux groupes de mots.

S V C

▶ Au basket , tu es avec Léa et Chloé.

POUR RECONNAITRE LE VERBE ÊTRE :

1. Je change le temps de la phrase, à l'imparfait par exemple.

2. Si est devient "était" alors c'est le verbe être.

Si es devient "étais" alors c'est le verbe être à la 2ème personne du singulier.

Mon mémo 8

Choisir la bonne orthographe : son, sont ?

Je dois connaitre **la nature** de ces mots.

son

est un **déterminant** possessif.

D — S V

▶ **Le soir, son frère est au judo.**

sont

est une forme conjuguée du verbe **ÊTRE**.

S V

▶ **Le soir, les enfants sont au judo.**

(étaient)

POUR RECONNAITRE LE VERBE ÊTRE :

1. Je change le temps de la phrase, à l'imparfait par exemple.

2. Si **sont** devient **"étaient"** alors c'est le verbe être.

Mon mémo 8

Choisir la bonne orthographe : son, sont ?

Je dois connaitre la nature de ces mots.

son

est un **déterminant** possessif.

D → S V

▶ Le soir, son frère est au judo.

sont

est une forme conjuguée du verbe **ÊTRE**.

S V

▶ Le soir, les enfants sont au judo.

(étaient)

POUR RECONNAITRE LE VERBE ÊTRE :

1. Je change le temps de la phrase, à l'imparfait par exemple.
2. Si **sont** devient **"étaient"** alors c'est le verbe être.

Mon mémo 8

Choisir la bonne orthographe : son, sont ?

Je dois connaitre la nature de ces mots.

son

est un **déterminant** possessif.

D → S V

▶ Le soir, son frère est au judo.

sont

est une forme conjuguée du verbe **ÊTRE**.

S V

▶ Le soir, les enfants sont au judo.

(étaient)

POUR RECONNAITRE LE VERBE ÊTRE :

1. Je change le temps de la phrase, à l'imparfait par exemple.
2. Si **sont** devient **"étaient"** alors c'est le verbe être.

Mon mémo 9

Les mots contenant la lettre g

Le son (g) s'écrit

g devant a, o, u

- *un gateau*
- *un gorille*
- *Gustave*

gu devant e, i, y

- *une guêpe*
- *une guitare*
- *Guy*

Le son (j) s'écrit

g devant e, i, y

- *une image*
- *une girolle*
- *la gymnastique*

ge devant a, o

- *une orangeade*
- *un villageois*

Le son (j) peut aussi s'écrire avec la lettre j : jupe, jeu…

La lettre g à la fin d'un mot ne se prononce pas. ▶ *un étang*

SAUF : un gang, un gag, un gong

Mon mémo 9

Les mots contenant la lettre g

Le son (g) s'écrit

g devant a, o, u

- un gateau
- un gorille
- Gustave

gu devant e, i, y

- une guêpe
- une guitare
- Guy

Le son (j) s'écrit

g devant e, i, y

- une image
- une girolle
- la gymnastique

ge devant a, o

- une orangeade
- un villageois

Le son (j) peut aussi s'écrire avec la lettre j : jupe, jeu...

La lettre g à la fin d'un mot ne se prononce pas. ▶ un étang

SAUF : un gang, un gag, un gong

Mon mémo 9

Les mots contenant la lettre g

Le son (g) s'écrit

g devant a, o, u

- un gateau
- un gorille
- Gustave

gu devant e, i, y

- une guêpe
- une guitare
- Guy

Le son (j) s'écrit

g devant e, i, y

- une image
- une girolle
- la gymnastique

ge devant a, o

- une orangeade
- un villageois

Le son (j) peut aussi s'écrire avec la lettre j : jupe, jeu...

La lettre g à la fin d'un mot ne se prononce pas. ▶ un étang

SAUF : un gang, un gag, un gong

Mon mémo 10

L'accord sujet-verbe : sujets collectifs

Certains GN font penser au pluriel alors qu'**ils sont bien au singulier.**

Quand ces GN sont des sujets, il faut écrire le verbe au singulier.

S — SINGULIER   V — SINGULIER

▶ **Ce soir, tout le monde regarde le match.**

AUTRES EXEMPLES

la foule | la classe | la famille | l'équipe | le groupe

POUR VÉRIFIER L'ACCORD ENTRE LE SUJET ET LE VERBE :

1. Je repère le V en changeant le temps de la phrase.

2. Je repère le S en me demandant "Qui est-ce qui .... " ? ou "Qu'est-ce qui .... " ?

3. Je m'interroge : le sujet est-il singulier ou pluriel ?

4. Je vérifie que le sujet et le verbe sont bien accordés : S V

Mon mémo 10

L'accord sujet-verbe : sujets collectifs

Certains GN font penser au pluriel alors qu'**ils sont bien au singulier.**
Quand ces GN sont des sujets, il faut écrire le verbe au singulier.

S — SINGULIER V — SINGULIER

▶ **Ce soir, tout le monde regarde le match.**

AUTRES EXEMPLES : la foule — la classe — la famille — l'équipe — le groupe

POUR VÉRIFIER L'ACCORD ENTRE LE SUJET ET LE VERBE :

1. Je repère le V en changeant le temps de la phrase.
2. Je repère le S en me demandant "Qui est-ce qui .... " ? ou "Qu'est-ce qui .... " ?
3. Je m'interroge : le sujet est-il singulier ou pluriel ?
4. Je vérifie que le sujet et le verbe sont bien accordés : S V

Mon mémo 10

L'accord sujet-verbe : sujets collectifs

Certains GN font penser au pluriel alors qu'**ils sont bien au singulier.**
Quand ces GN sont des sujets, il faut écrire le verbe au singulier.

S — SINGULIER V — SINGULIER

▶ **Ce soir, tout le monde regarde le match.**

AUTRES EXEMPLES : la foule — la classe — la famille — l'équipe — le groupe

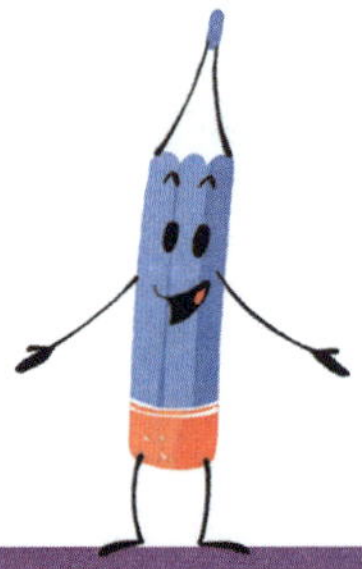

POUR VÉRIFIER L'ACCORD ENTRE LE SUJET ET LE VERBE :

1. Je repère le V en changeant le temps de la phrase.
2. Je repère le S en me demandant "Qui est-ce qui .... " ? ou "Qu'est-ce qui .... " ?
3. Je m'interroge : le sujet est-il singulier ou pluriel ?
4. Je vérifie que le sujet et le verbe sont bien accordés : S V

Mon mémo 11

Les mots contenant la lettre s

Le son (s) s'écrit

le plus souvent avec la lettre **s**	avec **ss** entre deux voyelles
▶ ***du savon***	▶ ***le dessert***
▶ ***un ours***	
▶ ***le festival***	

Le son (s) peut aussi s'écrire avec le c ou le ç : citron, glaçon…

- La lettre s entre deux voyelles fait le son (z) ▶ ***le désert***
- Il ne faut pas oublier la lettre s quand elle est muette.

à la fin de certains mots	à la 2ème personne du singulier	au pluriel
▶ ***du bois***	▶ ***tu manges***	▶ ***des jeunes élèves***
▶ ***jamais***		

Mon mémo 11

Les mots contenant la lettre s

Le son (s) s'écrit

le plus souvent avec la lettre s

- ***du savon***
- ***un ours***
- ***le festival***

avec ss entre deux voyelles

- ***le dessert***

Le son (s) peut aussi s'écrire avec le c ou le ç : citron, glaçon...

- **La lettre s entre deux voyelles** fait le son (z) ▶ ***le désert***
- Il ne faut pas oublier **la lettre s quand elle est muette.**

à la fin de certains mots

- ***du bois***
- ***jamais***

à la 2ème personne du singulier

- ***tu manges***

au pluriel

- ***des jeunes élèves***

Mon mémo 11

Les mots contenant la lettre s

Le son (s) s'écrit

le plus souvent avec la lettre s

du savon
un ours
le festival

avec ss entre deux voyelles

le dessert

Le son (s) peut aussi s'écrire avec le c ou le ç : citron, glaçon...

La lettre s entre deux voyelles fait le son (z) ▶ le désert
Il ne faut pas oublier la lettre s quand elle est muette.

à la fin de certains mots
du bois
jamais

à la 2ème personne du singulier
tu manges

au pluriel
des jeunes élèves

Mon mémo 12

Écrire le son « é » à la fin des verbes

Le participe passé et l'infinitif des verbes en -ER s'entendent de la même façon.

- Dans une phrase, un verbe qui se termine par **-é** est sous la forme du participe passé.
  Il forme un temps conjugué avec l'auxiliaire "avoir" ou "être".

  ▶ **Lowen a mangé des bonbons.**

  (vendu)

- Dans une phrase, un verbe qui se termine par **-er** est à l'infinitif.

  ▶ **Il va manger des bonbons.**

  (vendre)

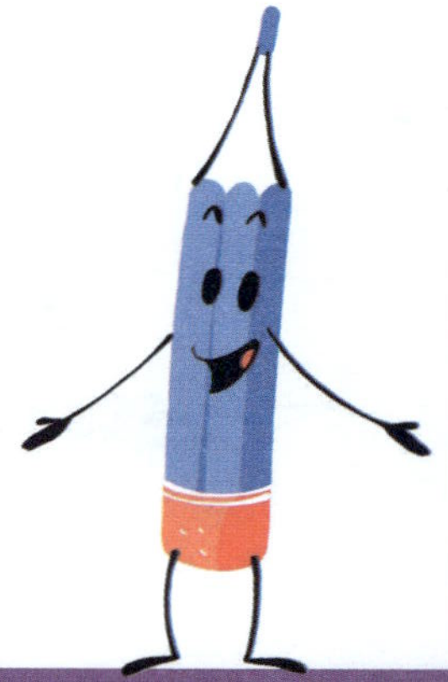

POUR CHOISIR LA BONNE ORTHOGRAPHE :

Rappelle-toi que tu peux utiliser une méthode de remplacement :
Si je peux remplacer par "**vendu**" alors ce verbe s'écrit au participe passé -**é**.
Si je peux remplacer par "**vendre**" alors ce verbe s'écrit à l'infinitif -**er**.

Mon mémo 12

Écrire le son é à la fin des verbes

Le participe passé et l'infinitif des verbes en -ER s'entendent de la même façon.

- Dans une phrase, un verbe qui se termine par **-é** est sous la forme du participe passé.
  Il forme un temps conjugué avec l'auxiliaire "avoir" ou "être".

  ▶ **Lowen a mangé des bonbons.**

  vendu

- Dans une phrase, un verbe qui se termine par **-er** est à l'infinitif.

  ▶ **Il va manger des bonbons.**

  vendre

POUR CHOISIR LA BONNE ORTHOGRAPHE :

Rappelle-toi que tu peux utiliser une méthode de remplacement :
Si je peux remplacer par "**vendu**" alors ce verbe s'écrit au participe passé -**é**.
Si je peux remplacer par "**vendre**" alors ce verbe s'écrit à l'infinitif -**er**.

Mon mémo 12

Écrire le son é à la fin des verbes

Le participe passé et l'infinitif des verbes en -ER s'entendent de la même façon.

- Dans une phrase, un verbe qui se termine par **-é** est sous la forme du participe passé.
  Il forme un temps conjugué avec l'auxiliaire "avoir" ou "être".

  ▶ **Lowen a mangé des bonbons.**

  vendu

- Dans une phrase, un verbe qui se termine par **-er** est à l'infinitif.

  ▶ **Il va manger des bonbons.**

  vendre

POUR CHOISIR LA BONNE ORTHOGRAPHE :

Rappelle-toi que tu peux utiliser une méthode de remplacement :
Si je peux remplacer par "**vendu**" alors ce verbe s'écrit au participe passé -**é**.
Si je peux remplacer par "**vendre**" alors ce verbe s'écrit à l'infinitif -**er**.

Mon mémo 13

Choisir la bonne orthographe : ce ou se ?

Je dois connaitre la nature de ces mots.

ce

est un **déterminant** démonstratif qui accompagne un nom.

D N

▶ **Il utilise ce savon.**

(un)

se

est un **pronom** personnel réfléchi qui appartient à un verbe pronominal.

Pro V

▶ **Il se douche tous les jours.**

(se doucher)

POUR RECONNAITRE LE DÉTERMINANT CE :

Rappelle-toi que tu peux utiliser une méthode de remplacement :

Si je peux remplacer par "**un**" alors j'écris le déterminant **ce**.

Mon mémo 13

Choisir la bonne orthographe : ce ou se ?

Je dois connaitre la nature de ces mots.

ce

est un **déterminant** démonstratif qui accompagne un nom.

D N

▶ ***Il utilise ce savon.***

(un)

se

est un **pronom** personnel réfléchi qui appartient à un verbe pronominal.

Pro V

▶ ***Il se douche tous les jours.***

(se doucher)

POUR RECONNAITRE LE DÉTERMINANT CE :

Rappelle-toi que tu peux utiliser une méthode de remplacement :
Si je peux remplacer par "**un**" alors j'écris le déterminant **ce**.

Mon mémo 13

Choisir la bonne orthographe : ce ou se ?

Je dois connaitre la nature de ces mots.

ce

est un déterminant démonstratif qui accompagne un nom.

D N

▶ Il utilise ce savon.

(un)

se

est un pronom personnel réfléchi qui appartient à un verbe pronominal.

Pro V

▶ Il se douche tous les jours.

(se doucher)

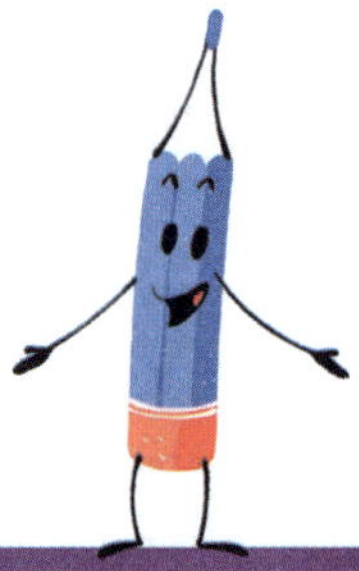

POUR RECONNAITRE LE DÉTERMINANT CE :

Rappelle-toi que tu peux utiliser une méthode de remplacement :
Si je peux remplacer par "un" alors j'écris le déterminant ce.

Mon mémo 13

Choisir la bonne orthographe : c'est ou s'est ?

Je dois connaitre **la nature** de ces mots.

c'est

c' est un pronom démonstratif

est est le verbe ÊTRE

S V

▶ C'est son savon.

Cela est

s'est

s' est un pronom personnel

est est le verbe ÊTRE

Il fait partie d'un verbe conjugué au passé composé.

S V

▶ Il s'est douché ici.

se doucher

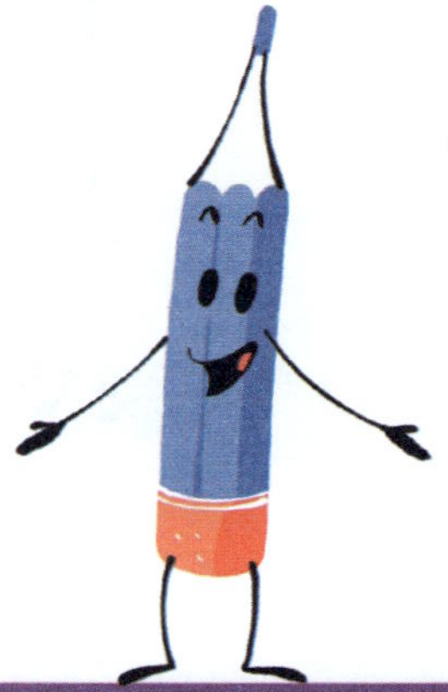

POUR RECONNAITRE C'EST :

Rappelle-toi que tu peux utiliser une méthode de remplacement :

Si je peux remplacer par "**cela est**" alors j'écris **c'est**.

Mon mémo 13

Choisir la bonne orthographe : c'est ou s'est ?

Je dois connaitre la nature de ces mots.

c'est

c' est un pronom démonstratif

est est le verbe ÊTRE

S V

▷ **C'est son savon.**

Cela est

s'est

s' est un pronom personnel

est est le verbe ÊTRE

Il fait partie d'un verbe conjugué au passé composé.

S V

▷ **Il s'est douché ici.**

se doucher

POUR RECONNAITRE C'EST :

Rappelle-toi que tu peux utiliser une méthode de remplacement :

Si je peux remplacer par "**cela est**" alors j'écris **c'est**.

Mon mémo 13

Choisir la bonne orthographe : c'est ou s'est ?

Je dois connaitre la nature de ces mots.

c'est

c' est un pronom démonstratif

est est le verbe ÊTRE

S V

▷ C'est son savon.

Cela est

s'est

s' est un pronom personnel

est est le verbe ÊTRE

Il fait partie d'un verbe conjugué au passé composé.

S V

▷ Il s'est douché ici.

se doucher

POUR RECONNAITRE C'EST :

Rappelle-toi que tu peux utiliser une méthode de remplacement :

Si je peux remplacer par "cela est" alors j'écris c'est.

Mon mémo 14

Écrire les adverbes se terminant par -ment

- La plupart des adverbes qui se terminent par -**ment** se forment de la même façon :

  l'adjectif au féminin + suffixe **-ment** — ***douce*** ▶ ***doucement***

  Le **e** du féminin peut devenir **é**. — ***profonde*** ▶ ***profondément***

- Les adjectifs qui se terminent par **-ent** forment un adverbe en **-emment.**

  violent ▶ ***violemment***

- Les adjectifs qui se terminent par **-ant** forment un adverbe en **-amment.**

  méchant ▶ ***méchamment***

Quelques exceptions à connaitre :
vraiment - aisément - poliment - gentiment

Mon mémo 14

Écrire les adverbes se terminant par -ment

- La plupart des adverbes qui se terminent par **-ment** se forment de la même façon :

  l'adjectif au féminin + suffixe **-ment** — ***douce*** ▸ ***doucement***

  Le **e** du féminin peut devenir **é**. — ***profonde*** ▸ ***profondément***

- Les adjectifs qui se terminent par **-ent** forment un adverbe en **-emment.**

  violent ▸ ***violemment***

- Les adjectifs qui se terminent par **-ant** forment un adverbe en **-amment.**

  méchant ▸ ***méchamment***

Quelques exceptions à connaitre :
vraiment - aisément - poliment - gentiment

Mon mémo 14

Écrire les adverbes se terminant par -ment

- La plupart des adverbes qui se terminent par **-ment** se forment de la même façon :

  l'adjectif au féminin + suffixe **-ment** — ***douce*** ▸ ***doucement***

  Le **e** du féminin peut devenir **é**. — ***profonde*** ▸ ***profondément***

- Les adjectifs qui se terminent par **-ent** forment un adverbe en **-emment.**

  violent ▸ ***violemment***

- Les adjectifs qui se terminent par **-ant** forment un adverbe en **-amment.**

  méchant ▸ ***méchamment***

Quelques exceptions à connaitre :
vraiment - aisément - poliment - gentiment

Mon mémo 15

L'accord sujet-verbe : sujets avec complément du nom

Le sujet d'un verbe peut contenir **un complément du nom**. Il est important de repérer **le nom noyau** du groupe nominal car c'est lui qui donne l'accord au verbe de la phrase.

S SINGULIER — V SINGULIER

▶ **Le chat des voisins miaule tous les soirs.**

N noyau

S PLURIEL — V PLURIEL

▶ **Les chats du voisin miaulent tous les soirs.**

N noyau

POUR VÉRIFIER L'ACCORD ENTRE LE SUJET ET LE VERBE :

1. Je repère le V en changeant le temps de la phrase.

2. Je repère le S en me demandant "Qui est-ce qui .... " ? ou "Qu'est-ce qui .... " ?

3. Je m'interroge : le sujet est-il singulier ou pluriel ?

4. Je vérifie que le sujet et le verbe sont bien accordés : S V

Mon mémo 15 L'accord sujet-verbe : sujets avec complément du nom

Le sujet d'un verbe peut contenir **un complément du nom**. Il est important de repérer **le nom noyau** du groupe nominal car c'est lui qui donne l'accord au verbe de la phrase.

S (SINGULIER) — V (SINGULIER)

▶ Le <u>chat</u> des voisins **miaule** tous les soirs.

N noyau

S (PLURIEL) — V (PLURIEL)

▶ <u>Les</u> chat<u>s</u> du voisin **miaul<u>ent</u>** tous les soirs.

N noyau

POUR VÉRIFIER L'ACCORD ENTRE LE SUJET ET LE VERBE :

1. Je repère le V en changeant le temps de la phrase.
2. Je repère le S en me demandant "Qui est-ce qui .... " ? ou "Qu'est-ce qui .... " ?
3. Je m'interroge : le sujet est-il singulier ou pluriel ?
4. Je vérifie que le sujet et le verbe sont bien accordés : S V

Mon mémo 15 L'accord sujet-verbe : sujets avec complément du nom

Le sujet d'un verbe peut contenir **un complément du nom**. Il est important de repérer **le nom noyau** du groupe nominal car c'est lui qui donne l'accord au verbe de la phrase.

S (SINGULIER) — V (SINGULIER)

▶ Le <u>chat</u> des voisins **miaule** tous les soirs.

N noyau

S (PLURIEL) — V (PLURIEL)

▶ <u>Les</u> chat<u>s</u> du voisin **miaul<u>ent</u>** tous les soirs.

N noyau

POUR VÉRIFIER L'ACCORD ENTRE LE SUJET ET LE VERBE :

1. Je repère le V en changeant le temps de la phrase.
2. Je repère le S en me demandant "Qui est-ce qui .... " ? ou "Qu'est-ce qui .... " ?
3. Je m'interroge : le sujet est-il singulier ou pluriel ?
4. Je vérifie que le sujet et le verbe sont bien accordés : S V

Mon mémo 16

L'accord du participe passé dans le groupe verbal

Dans les temps composé,
on trouve **l'auxiliaire** (avoir ou être) et **le participe passé** du verbe conjugué.
Pour savoir si je dois accorder le participe passé, je dois repérer **l'auxiliaire**.

Avec **l'auxiliaire** avoir
le participe passé est invariable
dans la majorité des cas.

S — MASCULIN PLURIEL; AUXILIAIRE AVOIR; PP — INVARIABLE

▶ **Mes parents ont apporté un cadeau.**

S — FÉMININ PLURIEL; AUXILIAIRE AVOIR; PP — INVARIABLE

▶ **Mes cousines ont apporté un cadeau.**

Avec **l'auxiliaire** être
le participe passé s'accorde
en genre et en nombre avec le sujet.

S — MASCULIN PLURIEL; AUXILIAIRE ÊTRE; PP — MASCULIN PLURIEL

▶ **Mes parents sont venus hier.**

S — FÉMININ PLURIEL; AUXILIAIRE ÊTRE; PP — FÉMININ PLURIEL

▶ **Mes cousines sont venues hier.**

Mon mémo 16

L'accord du participe passé dans le groupe verbal

Dans les temps composé,
on trouve **l'auxiliaire** (avoir ou être) et **le participe passé** du verbe conjugué.
Pour savoir si je dois accorder le participe passé, je dois repérer **l'auxiliaire**.

Avec **l'auxiliaire** avoir
le participe passé est invariable
dans la majorité des cas.

S MASCULIN PLURIEL — AUXILIAIRE AVOIR — PP INVARIABLE

▸ **Mes parents ont apporté un cadeau.**

S FÉMININ PLURIEL — AUXILIAIRE AVOIR — PP INVARIABLE

▸ **Mes cousines ont apporté un cadeau.**

Avec **l'auxiliaire** être
le participe passé s'accorde
en genre et en nombre avec le sujet.

S MASCULIN PLURIEL — AUXILIAIRE ÊTRE — PP MASCULIN PLURIEL

▸ **Mes parents sont venus hier.**

S FÉMININ PLURIEL — AUXILIAIRE ÊTRE — PP FÉMININ PLURIEL

▸ **Mes cousines sont venues hier.**

Mon mémo 16

L'accord du participe passé dans le groupe verbal

Dans les temps composé,
on trouve **l'auxiliaire** (avoir ou être) et **le participe passé** du verbe conjugué.
Pour savoir si je dois accorder le participe passé, je dois repérer **l'auxiliaire**.

Avec **l'auxiliaire** avoir
le participe passé est invariable
dans la majorité des cas.

S MASCULIN PLURIEL — AUXILIAIRE AVOIR — PP INVARIABLE

▸ **Mes parents ont apporté un cadeau.**

S FÉMININ PLURIEL — AUXILIAIRE AVOIR — PP INVARIABLE

▸ **Mes cousines ont apporté un cadeau.**

Avec **l'auxiliaire** être
le participe passé s'accorde
en genre et en nombre avec le sujet.

S MASCULIN PLURIEL — AUXILIAIRE ÊTRE — PP MASCULIN PLURIEL

▸ **Mes parents sont venus hier.**

S FÉMININ PLURIEL — AUXILIAIRE ÊTRE — PP FÉMININ PLURIEL

▸ **Mes cousines sont venues hier.**

Mon mémo 17

Écrire les noms en eur et oir

- Les noms en eur s'écrivent **-eur**.

▶ ***une erreur***
▶ ***le cœur - la sœur***

Quelques exceptions à connaitre :

- le beurre, la demeure, l'heure, un leurre
- des noms de métiers exercés par des femmes : une professeure, une auteure...

- **Les noms féminins** en oir s'écrivent **-oire**. ▶ ***une histoire***
- **Les noms masculins** en oir s'écrivent **-oir**. ▶ ***un miroir***

Quelques exceptions à connaitre :

un conservatoire, un grimoire, un laboratoire, un observatoire, un réfectoire, un répertoire, un territoire...

Mon mémo 17

Écrire les noms en (eur) et (oir)

- Les noms en (eur) s'écrivent **-eur**.

▶ ***une err<u>eur</u>***
▶ ***le c<u>œur</u> - la s<u>œur</u>***

Quelques exceptions à connaitre :
- le beurre, la demeure, l'heure, un leurre
- des noms de métiers exercés par des femmes : une professeure, une auteure...

- Les noms féminins en (oir) s'écrivent **-oire**. ▶ ***une hist<u>oire</u>***
- Les noms masculins en (oir) s'écrivent **-oir**. ▶ ***un mir<u>oir</u>***

Quelques exceptions à connaitre :
un conservatoire, un grimoire, un laboratoire, un observatoire, un réfectoire, un répertoire, un territoire...

Mon mémo 17

Écrire les noms en (eur) et (oir)

- Les noms en (eur) s'écrivent **-eur**.

▶ ***une err<u>eur</u>***
▶ ***le c<u>œur</u> - la s<u>œur</u>***

Quelques exceptions à connaitre :
- le beurre, la demeure, l'heure, un leurre
- des noms de métiers exercés par des femmes : une professeure, une auteure...

- Les noms féminins en (oir) s'écrivent **-oire**. ▶ ***une hist<u>oire</u>***
- Les noms masculins en (oir) s'écrivent **-oir**. ▶ ***un mir<u>oir</u>***

Quelques exceptions à connaitre :
un conservatoire, un grimoire, un laboratoire, un observatoire, un réfectoire, un répertoire, un territoire...

Mon mémo 18

L'accord sujet-verbe : avec pronom complément

Quand **un pronom personnel complément** : l', le, me, te, les, lui, nous, vous, leur... **sépare le sujet du verbe, je fais bien attention à l'accord.**

Le verbe s'accorde toujours (en genre et en nombre) avec le sujet.

S SINGULIER — V SINGULIER

▶ **Cette chanson vous donne des frissons.**

N noyau

S PLURIEL — V PLURIEL

▶ **Ces chansons lui donnent des frissons.**

N noyau

POUR VÉRIFIER L'ACCORD ENTRE LE SUJET ET LE VERBE :

1. Je repère le V en changeant le temps de la phrase.

2. Je repère le S en me demandant "Qui est-ce qui .... " ? ou "Qu'est-ce qui .... " ?

3. Je m'interroge : le sujet est-il singulier ou pluriel ?

4. Je vérifie que le sujet et le verbe sont bien accordés : S V

Mon mémo 18

L'accord sujet-verbe : avec pronom complément

Quand **un pronom personnel complément** : l', le, me, te, les, lui, nous, vous, leur...
sépare le sujet du verbe, je fais bien attention à l'accord.

Le verbe s'accorde toujours (en genre et en nombre) avec le sujet.

S SINGULIER — V SINGULIER

▶ **Cette chanson vous donne des frissons.**

N noyau

S PLURIEL — V PLURIEL

▶ **Ces chansons lui donnent des frissons.**

N noyau

POUR VÉRIFIER L'ACCORD ENTRE LE SUJET ET LE VERBE :

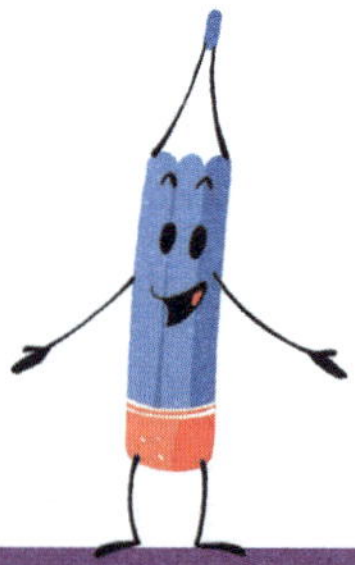

1. Je repère le V en changeant le temps de la phrase.

2. Je repère le S en me demandant "Qui est-ce qui .... " ? ou "Qu'est-ce qui .... " ?

3. Je m'interroge : le sujet est-il singulier ou pluriel ?

4. Je vérifie que le sujet et le verbe sont bien accordés : S V

Mon mémo 18

L'accord sujet-verbe : avec pronom complément

Quand **un pronom personnel complément** : l', le, me, te, les, lui, nous, vous, leur...
sépare le sujet du verbe, je fais bien attention à l'accord.

Le verbe s'accorde toujours (en genre et en nombre) avec le sujet.

S SINGULIER — V SINGULIER

▶ **Cette chanson vous donne des frissons.**

N noyau

S PLURIEL — V PLURIEL

▶ **Ces chansons lui donnent des frissons.**

N noyau

POUR VÉRIFIER L'ACCORD ENTRE LE SUJET ET LE VERBE :

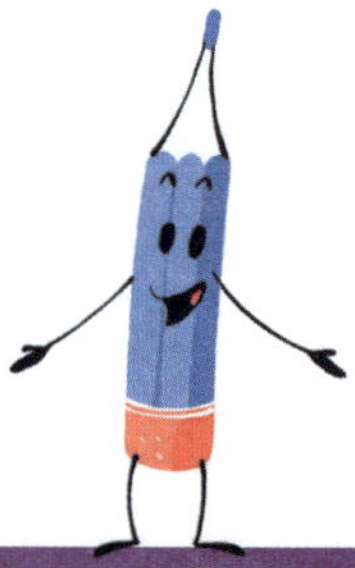

1. Je repère le V en changeant le temps de la phrase.

2. Je repère le S en me demandant "Qui est-ce qui .... " ? ou "Qu'est-ce qui .... " ?

3. Je m'interroge : le sujet est-il singulier ou pluriel ?

4. Je vérifie que le sujet et le verbe sont bien accordés : S V

Mon mémo 19

Choisir la bonne orthographe : ces ou ses ?

Je dois connaitre **la nature** de ces mots.

ces

est un déterminant démonstratif
qui accompagne un nom au pluriel.
Il signifie "**ceux-là**" ou "**celles-là**".

D N

▶ ***À qui sont <u>ces</u> affaires de sport ?***

(celles-là)

ses

est un déterminant possessif
qui accompagne un nom au pluriel.
Il indique la propriété, l'appartenance.
Il signifie "les siens" ou "les siennes".

D N

▶ ***Axel a pris <u>ses</u> affaires de sport.***

(les siennes)

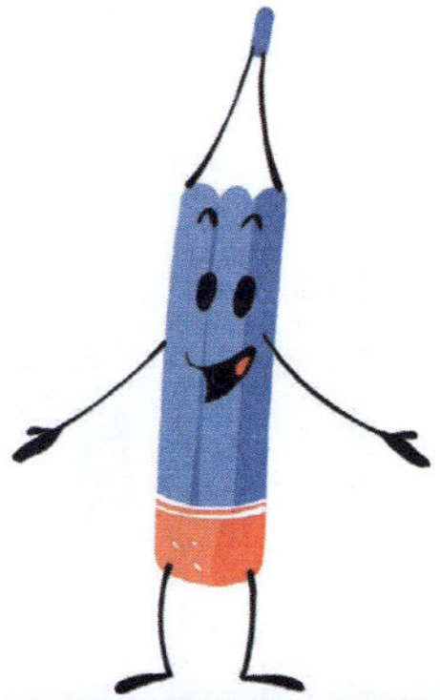

Mon mémo 19

Choisir la bonne orthographe : ces ou ses ?

Je dois connaitre **la nature** de ces mots.

ces

est un déterminant démonstratif
qui accompagne un nom au pluriel.
Il signifie "**ceux-là**" ou "**celles-là**".

D N

▶ ***À qui sont ces affaires de sport ?***

celles-là

ses

est un déterminant possessif
qui accompagne un nom au pluriel.
Il indique la propriété, l'appartenance.
Il signifie "les siens" ou "les siennes".

D N

▶ ***Axel a pris ses affaires de sport.***

les siennes

Mon mémo 19

Choisir la bonne orthographe : ces ou ses ?

Je dois connaitre **la nature** de ces mots.

ces

est un déterminant démonstratif
qui accompagne un nom au pluriel.
Il signifie "**ceux-là**" ou "**celles-là**".

D N

▶ ***À qui sont ces affaires de sport ?***

celles-là

ses

est un déterminant possessif
qui accompagne un nom au pluriel.
Il indique la propriété, l'appartenance.
Il signifie "les siens" ou "les siennes".

D N

▶ ***Axel a pris ses affaires de sport.***

les siennes

L'accord de l'adjectif attribut

L'adjectif attribut s'accorde en genre et en nombre avec son sujet.

S FÉMININIb SINGULIER — V — Att FÉMININ SINGULIER

▶ **Ma tante parait énervée.**

S MASCULIN PLURIEL — V — Att MASCULIN PLURIEL

▶ **Ces chiens semblent blessés.**

L'attribut est situé après des verbes attributifs comme : **être, paraitre, sembler, rester, devenir...**

POUR VÉRIFIER L'ACCORD ENTRE LE SUJET ET L'ADJECTIF ATTRIBUT :

1. Je repère le V en changeant le temps de la phrase.

2. Je repère le S en me demandant "Qui est-ce qui .... " ? ou "Qu'est-ce qui .... " ?

3. Je m'interroge : le sujet est-il singulier ou pluriel ? masculin ou pluriel ?

4. Je vérifie tous les accords. S V Att

Mon mémo 20

L'accord de l'adjectif attribut

L'adjectif attribut s'accorde en genre et en nombre avec son sujet.

S — FÉMININ SINGULIER | V | Att — FÉMININ SINGULIER

▶ **Ma tante parait énervée.**

S — MASCULIN PLURIEL | V | Att — MASCULIN PLURIEL

▶ **Ces chiens semblent blessés.**

L'attribut est **situé après des verbes attributifs** comme : **être, paraitre, sembler, rester, devenir…**

POUR VÉRIFIER L'ACCORD ENTRE LE SUJET ET L'ADJECTIF ATTRIBUT :

1. Je repère le V en changeant le temps de la phrase.
2. Je repère le S en me demandant "Qui est-ce qui .... " ? ou "Qu'est-ce qui .... " ?
3. Je m'interroge : le sujet est-il singulier ou pluriel ? masculin ou pluriel ?
4. Je vérifie tous les accords. S V Att

Mon mémo 20

L'accord de l'adjectif attribut

L'adjectif attribut s'accorde en genre et en nombre avec son sujet.

S — FÉMININ SINGULIER | V | Att — FÉMININ SINGULIER

▶ Ma tante parait énervée.

S — MASCULIN PLURIEL | V | Att — MASCULIN PLURIEL

▶ Ces chiens semblent blessés.

L'attribut est situé après des verbes attributifs comme : être, paraitre, sembler, rester, devenir…

POUR VÉRIFIER L'ACCORD ENTRE LE SUJET ET L'ADJECTIF ATTRIBUT :

1. Je repère le V en changeant le temps de la phrase.
2. Je repère le S en me demandant "Qui est-ce qui .... " ? ou "Qu'est-ce qui .... " ?
3. Je m'interroge : le sujet est-il singulier ou pluriel ? masculin ou pluriel ?
4. Je vérifie tous les accords. S V Att

Mon mémo 21

L'accord sujet-verbe : sujets inversé et éloigné

Le sujet d'un verbe n'a pas toujours la même place dans la phrase.

- Le sujet peut être **après le verbe** : on dit que **c'est un sujet inversé**.

V PLURIEL — S PLURIEL

▶ **Où se cachent mes jouets ?**

V PLURIEL — S PLURIEL

▶ **Dans le ciel volent les oiseaux.**

- Le sujet peut être **éloigné du verbe**.

S PLURIEL — V PLURIEL

▶ **Des campeurs, près du lac, préparent leur tente.**

POUR VÉRIFIER L'ACCORD ENTRE LE SUJET ET LE VERBE :

1. Je repère le V en changeant le temps de la phrase.

2. Je repère le S en me demandant "Qui est-ce qui .... " ? ou "Qu'est-ce qui .... " ?

3. Je m'interroge : le sujet est-il singulier ou pluriel ?

4. Je vérifie que le sujet et le verbe sont bien accordés : V S

Mon mémo 21

L'accord sujet-verbe : sujets inversé et éloigné

Le sujet d'un verbe n'a pas toujours la même place dans la phrase.

- Le sujet peut être **après le verbe** : on dit que **c'est un sujet inversé.**

V (PLURIEL) S (PLURIEL)

▶ **Où se cachent mes jouets ?**

V (PLURIEL) S (PLURIEL)

▶ **Dans le ciel volent les oiseaux.**

- Le sujet peut être **éloigné du verbe.**

S (PLURIEL) V (PLURIEL)

▶ **Des campeurs, près du lac, préparent leur tente.**

POUR VÉRIFIER L'ACCORD ENTRE LE SUJET ET LE VERBE :

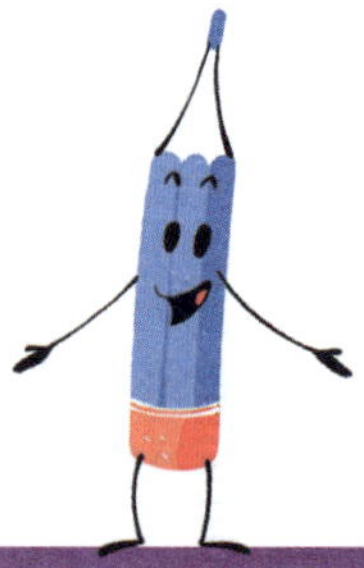

1. Je repère le V en changeant le temps de la phrase.

2. Je repère le S en me demandant "Qui est-ce qui .... " ? ou "Qu'est-ce qui .... " ?

3. Je m'interroge : le sujet est-il singulier ou pluriel ?

4. Je vérifie que le sujet et le verbe sont bien accordés : V S

Mon mémo 21

L'accord sujet-verbe : sujets inversé et éloigné

Le sujet d'un verbe n'a pas toujours la même place dans la phrase.

- Le sujet peut être après le verbe : on dit que c'est un sujet inversé.

V (PLURIEL) S (PLURIEL)

▶ Où se cachent mes jouets ?

V (PLURIEL) S (PLURIEL)

▶ Dans le ciel volent les oiseaux.

- Le sujet peut être éloigné du verbe.

S (PLURIEL) V (PLURIEL)

▶ Des campeurs, près du lac, préparent leur tente.

POUR VÉRIFIER L'ACCORD ENTRE LE SUJET ET LE VERBE :

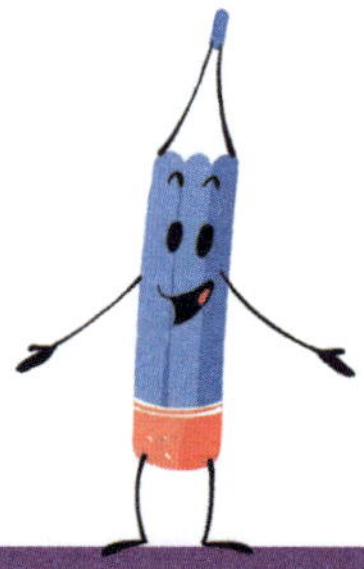

1. Je repère le V en changeant le temps de la phrase.

2. Je repère le S en me demandant "Qui est-ce qui .... " ? ou "Qu'est-ce qui .... " ?

3. Je m'interroge : le sujet est-il singulier ou pluriel ?

4. Je vérifie que le sujet et le verbe sont bien accordés : V S

Mon mémo 22

Choisir la bonne orthographe : leur ou leurs ?

Je dois connaitre **la nature** de ces mots.

leur ou leurs

sont des déterminants possessifs qui s'accordent avec le nom.

leur est au singulier, **leurs** au pluriel.

D (FÉMINININ SINGULIER) N (FÉMININ SINGULIER)

▶ Les élèves attrapent **leur trousse.**

(chacun a une seule trousse)

D (MASCULIN PLURIEL) N (MASCULIN PLURIEL)

▶ Les élèves attrapent **leurs feutres.**

(chacun a plusieurs feutres)

leur

peut être un pronom possessif.

Il se place devant le verbe et **il est invariable**.

P V

▶ Les enfants **leur** offrent des fleurs.

(à eux)

Le pronom **leur est toujours invariable**.

Mon mémo 22

Choisir la bonne orthographe : leur ou leurs ?

Je dois connaitre la nature de ces mots.

leur ou leurs

sont des déterminants possessifs qui s'accordent avec le nom.
leur est au singulier, **leurs** au pluriel.

D : FÉMININ SINGULIER — N : FÉMININ SINGULIER

▶ **Les élèves attrapent leur trousse.**

(chacun a une seule trousse)

D : MASCULIN PLURIEL — N : MASCULIN PLURIEL

▶ **Les élèves attrapent leurs feutres.**

(chacun a plusieurs feutres)

leur

peut être un pronom possessif.
Il se place devant le verbe et **il est invariable**.
.

P — V

▶ **Les enfants leur offrent des fleurs.**

(à eux)

Le pronom **leur est toujours invariable**.

Mon mémo 22

Choisir la bonne orthographe : leur ou leurs ?

Je dois connaitre la nature de ces mots.

leur ou leurs

sont des déterminants possessifs qui s'accordent avec le nom.
leur est au singulier, **leurs** au pluriel.

D : FÉMININ SINGULIER — N : FÉMININ SINGULIER

▶ **Les élèves attrapent leur trousse.**

(chacun a une seule trousse)

D : MASCULIN PLURIEL — N : MASCULIN PLURIEL

▶ **Les élèves attrapent leurs feutres.**

(chacun a plusieurs feutres)

leur

peut être un pronom possessif.
Il se place devant le verbe et **il est invariable**.
.

P — V

▶ **Les enfants leur offrent des fleurs.**

(à eux)

Le pronom **leur est toujours invariable**.

N	D	Adj
Adv	Pro	Prép

Sujet

Sujet

Att

Verbe

Verbe

V

Orthoréflexe

Règles du jeu

Matériel

- Le plateau de jeu Orthoréflexe et les cartes
- Un dé
- Un seul pion
- Une ardoise

NOMBRE DE JOUEURS : 2 à 4 élèves

BUT DU JEU ▶ Rejoindre l'arrivée du monde « Orthoréflexe » avant le monstre Antireflex.

1. Le premier joueur lance le dé et avance le pion d'autant de cases que le nombre indiqué.
2. Le joueur pioche une carte de la couleur de la case sur laquelle il se trouve.
3. Il lit l'énoncé à voix haute et répond seul sur l'ardoise.

   À savoir ! Pour les cartes orange, un indice inscrit au dos de la carte peut être donné par un joueur pour aider le joueur à trouver la bonne réponse.

4. Tous les joueurs vérifient la réponse en retournant la carte.
5. Si le joueur a répondu correctement, c'est au joueur suivant de lancer le dé pour continuer de progresser vers le monde « Orthoréflexe ». Si le joueur ne trouve pas la bonne réponse, le monstre Antireflex avance alors d'une case sur son chemin. Un autre joueur lance le dé et déplace le pion.

Gagné ou perdu ?

La partie est gagnée quand le pion arrive au-delà de la case 36 et que la réponse est juste.

La partie est perdue si Antireflex arrive sur sa case rouge avant.

Transforme le GN au pluriel. l'animal dangereux 1	**Transforme le GN au pluriel.** ce détail important 2	**Transforme le GN au pluriel.** mon ami honnête 3	**Transforme le GN au pluriel.** ton dessin original 4
Transforme le GN au pluriel. mon travail difficile 5	**Transforme le GN au pluriel.** ce match national 6	**Transforme le GN au pluriel.** mon magnifique cheval 7	**Transforme le GN au pluriel.** le travailleur social 8
Transforme le GN au pluriel. un journal télévisé 9	**Transforme le GN au pluriel.** le carnaval terminé 10	**Transforme le GN au pluriel.** l'œuvre principale 11	**Transforme le GN au pluriel.** ce vitrail coloré 12
Transforme le GN au pluriel. cette journée spéciale 13	**Transforme le GN au pluriel.** le concours régional 14	**Transforme le GN au pluriel.** un prince amoureux 15	**Transforme le GN au pluriel.** le conflit mondial 16

✓ tes dessins originaux	✓ mes amis honnêtes	✓ ces détails importants	✓ les animaux dangereux
✓ les travailleurs sociaux	✓ mes magnifiques chevaux	✓ ces matchs nationaux	✓ mes travaux difficiles
✓ ces vitraux colorés	✓ les œuvres principales	✓ les carnavals terminés	✓ des journaux télévisés
✓ les conflits mondiaux	✓ des princes amoureux	✓ les concours régionaux	✓ ces journées spéciales

Transforme le GN au pluriel. l'ingénieur français 17	**Transforme le GN au pluriel.** un genou blessé 18	**Transforme le GN au pluriel.** un trophée exceptionnel 19	**Transforme le GN au pluriel.** un joueur de football 20
Transforme le GN au pluriel. cet énorme chou 21	**Transforme le GN au pluriel.** un animal agressif 22	**Transforme le GN au pluriel.** mon cheval de course 23	**Transforme le GN au pluriel.** ton tablier de cuisine 24
Transforme le GN au singulier. des moutons blancs et frisés 25	**Transforme le GN au singulier.** des chats gris 26	**Transforme le GN au singulier.** des règles colorées 27	**Transforme le GN au singulier.** les fautes d'orthographe 28
Transforme le GN au singulier. ses cerisiers fleuris 29	**Transforme le GN au singulier.** des juments fougueuses 30	**Transforme le GN au singulier.** mes petites cousines 31	**Transforme le GN au singulier.** des cahiers d'écriture 32

des joueurs de football	des trophées exceptionnels	des genoux blessés	les ingénieurs français
tes tabliers de cuisine	mes chevaux de course	des animaux agressifs	ces énormes choux
la faute d'orthographe	une règle colorée	un chat gris	un mouton blanc et frisé
un cahier d'écriture	ma petite cousine	une jument fougueuse	son cerisier fleuri

Transforme le GN au masculin.

la lionne enragée

33

Transforme le GN au masculin.

une grande femme blonde

34

Transforme le GN au masculin.

cette coiffeuse douée

35

Transforme le GN au masculin.

ta fidèle confidente

36

Transforme le GN au masculin.

ma comédienne préférée

37

Transforme le GN au masculin.

une cuisinière experte

38

Transforme le GN au masculin.

une photographe de mode

39

Transforme le GN au masculin.

ma meilleure amie

40

Transforme le GN au féminin.

un coq dodu

41

Transforme le GN au féminin.

l’artiste américain

42

Transforme le GN au féminin.

le loup affamé

43

Transforme le GN au féminin.

un élève fatigué

44

Transforme le GN au féminin.

cet acteur stressé

45

Transforme le GN au féminin.

l’étudiant cultivé

46

Transforme le GN au féminin.

un tigre du Bengale

47

Transforme le GN au féminin.

les nombreux prisonniers

48

ton fidèle confident	ce coiffeur doué	un grand homme blond	le lion enragé
mon meilleur ami	un photographe de mode	un cuisinier expert	mon comédien préféré
une élève fatiguée	la louve affamée	l'artiste américaine	une poule dodue
les nombreuses prisonnières	une tigresse du Bengale	l'étudiante cultivée	cette actrice stressée

Trouve l'intrus en justifiant ta réponse.

parfaitement • lentement • dérangement • correctement • heureusement

1

Trouve l'intrus en justifiant ta réponse.

côté • société • fraternité • beauté • cité • égalité • liberté

2

Trouve l'intrus en justifiant ta réponse.

les carafes • les cahiers • les chats • les verres • les chiens • les ouvriers

3

Trouve l'intrus en justifiant ta réponse.

chou • bisou • hibou • caillou • bijou • pou • genou

4

Trouve l'intrus en justifiant ta réponse.

longuement • certainement • rapidement • calmement • aboiement

5

Trouve l'intrus en justifiant ta réponse.

lycée • pensée • fumée • entrée • poignée • cheminée

6

Trouve l'intrus en justifiant ta réponse.

les assiettes • les filles • les villes • les tables • les coffres • les portes

7

Trouve l'intrus en justifiant ta réponse.

animal • cheval • végétal • bocal • carnaval • journal

8

Trouve l'intrus en justifiant ta réponse.

fièrement • appartement • rapidement • courageusement • parfaitement

9

Trouve l'intrus en justifiant ta réponse.

vallée • montée • durée • dictée • soirée • trophée

10

Trouve l'intrus en justifiant ta réponse.

les exercices • les stylos • les feutres • les cahiers • les agendas • les ardoises

11

Trouve l'intrus en justifiant ta réponse.

métaux • travaux • chevaux • hôpitaux • bocaux • animaux • journaux

12

Trouve l'intrus en justifiant ta réponse.

aliment • appartement • clairement • accouchement • vieillissement

13

Trouve l'intrus en justifiant ta réponse.

métier • potier • quartier • moitié • boitier • sentier • chantier

14

Trouve l'intrus en justifiant ta réponse.

les chaises • les tables • les tasses • les chaussettes • les canapés • les trousses

15

Trouve l'intrus en justifiant ta réponse.

souris • gaz • fille • voix • nez • compas • noix • bras

16

le nombre

bisou

« bisou » prend un -s au pluriel, tous les autres noms prennent un -x au pluriel.

le genre

les carafes

C'est un GN au féminin pluriel, tous les autres sont au masculin pluriel.

le genre

côté

C'est un nom masculin, tous les autres sont des noms féminins.

la nature du mot

dérangement

C'est un nom, les autres mots sont des adverbes.

le nombre

carnaval

« carnaval » prend un -s au pluriel, les autres noms font leur pluriel en -aux.

le genre

les coffres

C'est un GN au masculin pluriel, tous les autres sont au féminin pluriel.

le genre

lycée

C'est un nom masculin, tous les autres sont des noms féminins.

la nature du mot

aboiement

C'est un nom, les autres mots sont des adverbes.

le nombre

travaux

C'est un nom en -ail quand il est au singulier, tous les autres sont des noms en -al au singulier.

le genre

les ardoises

C'est un GN au féminin pluriel, tous les autres sont au masculin pluriel.

le genre

trophée

C'est un nom masculin, tous les autres sont des noms féminins.

la nature du mot

appartement

C'est un nom, les autres mots sont des adverbes.

le nombre

fille

« fille » prend un -s au pluriel, tous les autres s'écrivent de la même façon au singulier et au pluriel.

le genre

les canapés

C'est un GN au masculin pluriel, tous les autres sont au féminin pluriel.

le genre

moitié

C'est un nom féminin, tous les autres sont des noms masculins.

la nature du mot

clairement

C'est un adverbe, les autres mots sont des noms.

Trouve l'intrus en justifiant ta réponse.

attraper • pompier • rouler • sauter • rigoler • dénoncer • laver

17

Trouve l'intrus en justifiant ta réponse.

loupe • zèbre • flèche • crème • ville • louve • route

18

Trouve l'intrus en justifiant ta réponse.

l'homme • l'arc • l'ordinateur • l'horloge • l'animal • l'aspirateur

19

Trouve l'intrus en justifiant ta réponse.

hache • étanche • tâche • pêche • fourche • bêche • vache

20

Trouve l'intrus en justifiant ta réponse.

écouter • pousser • tomber • chanter • étranger • taper • rédiger

21

Trouve l'intrus en justifiant ta réponse.

frite • conte • fête • route • pâte • crête • boite

22

Trouve l'intrus en justifiant ta réponse.

leur assiette • leur verre • leur trousse • leur colle • leur fourchette

23

Trouve l'intrus en justifiant ta réponse.

joli • intéressant • petit • grand • rare • parfait • loyal • poli

24

Trouve l'intrus en justifiant ta réponse.

correctement • attentivement • poliment • affectueusement • éternuement

25

Trouve l'intrus en justifiant ta réponse.

amie • parapluie • biographie • symphonie • tricherie • vie

26

Trouve l'intrus en justifiant ta réponse.

notre place • notre voiture • notre bagage • notre fille • notre chienne

27

Trouve l'intrus en justifiant ta réponse.

le métal • le festival • le local • le végétal • le cheval • le bocal

28

Trouve l'intrus en justifiant ta réponse.

peintre • astre • naitre • vitre • fenêtre • monstre • feutre

29

Trouve l'intrus en justifiant ta réponse.

attentive • facile • douce • claire • grande • géniale

30

Trouve l'intrus en justifiant ta réponse.

l'outil • l'écran • l'ours • l'orange • l'oiseau • l'ananas

31

Trouve l'intrus en justifiant ta réponse.

choix • pois • mois • bois • noix • poids • rois

32

la nature du mot

étanche

C'est un adjectif alors que tous les autres sont des noms.

le genre

l'horloge

C'est un GN au féminin singulier, tous les autres sont au masculin singulier.

le genre

zèbre

C'est un nom masculin, les autres sont des noms féminins.

la nature du mot

pompier

C'est un nom, les autres mots sont des verbes.

le genre

rare

Cet adjectif peut compléter un nom masculin ou féminin, les autres ne peuvent compléter qu'un nom masculin.

le genre

leur verre

C'est un GN au masculin singulier, tous les autres sont au féminin singulier.

le genre

conte

C'est un nom masculin, tous les autres sont féminins.

la nature du mot

étranger

C'est un nom (ou un adjectif), tous les autres mots sont des verbes.

le nombre

festival

« festival » se termine par -s au pluriel, les autres noms font leur pluriel en -aux.

le genre

notre bagage

C'est un GN au masculin singulier, les autres sont au féminin singulier.

le genre

parapluie

C'est un nom masculin, les autres noms sont féminins.

la nature du mot

éternuement

C'est un nom, les autres mots sont des adverbes.

le nombre

rois

C'est un nom au pluriel, pour tous les autres on ne peut pas savoir car ils s'écrivent de la même façon au singulier et au pluriel.

le genre

l'orange

C'est un GN au féminin singulier, les autres sont au masculin singulier.

le genre

facile

Cet adjectif peut compléter un nom masculin ou féminin, les autres ne peuvent compléter qu'un nom féminin.

la nature du mot

naitre

C'est un verbe, les autres mots sont des noms.

Choisis la forme qui convient et justifie ta réponse.

Clément et Lowen se **rencontre / se rencontrent** devant le parc d'attractions.

1

Choisis la forme qui convient et justifie ta réponse.

Le soleil et les paysages **étonnent / étonne** le jeune homme.

2

Choisis la forme qui convient et justifie ta réponse.

Le fils des voisins **ressemble / ressemblent** à mon meilleur ami.

3

Choisis la forme qui convient et justifie ta réponse.

Dans la classe, tout le monde **écoutait / écoutaient** l'enseignante.

4

Choisis la forme qui convient et justifie ta réponse.

Papa et maman **mangent / manges** au restaurant ce soir.

5

Choisis la forme qui convient et justifie ta réponse.

Les crayons de la réserve **dépanne / dépannent** souvent les camarades.

6

Choisis la forme qui convient et justifie ta réponse.

Le maire du village **parlait / parlaient** souvent à ses habitants.

7

Choisis la forme qui convient et justifie ta réponse.

Dans la forêt près du village, **chante / chantent** les oiseaux.

8

Choisis la forme qui convient et justifie ta réponse.

Son équipe **remportent / remporte** largement le match.

9

Choisis la forme qui convient et justifie ta réponse.

Toute la classe **essaye / essayent** d'accueillir au mieux le nouvel élève.

10

Choisis la forme qui convient et justifie ta réponse.

Ton frère et toi **aimez / aiment** manger chez vos parents le dimanche.

11

Choisis la forme qui convient et justifie ta réponse.

Près d'ici, **campe / campent** des nomades.

12

Choisis la forme qui convient et justifie ta réponse.

Lui et moi **savez / savons** que tu dis toujours la vérité.

13

Choisis la forme qui convient et justifie ta réponse.

Les feutres et les crayons de couleur **aides / aident** à faire de jolis dessins.

14

Choisis la forme qui convient et justifie ta réponse.

Où **achètera / achèteras** -tu ton costume ?

15

Choisis la forme qui convient et justifie ta réponse.

Dans quel pays **arriveront / arriverons** -ils ce soir ?

16

écoutait

Le sujet « tout le monde » est au singulier, le verbe est donc au singulier.

ressemble

Le sujet « le fils des voisins » est au singulier, le verbe est donc au singulier.

étonnent

Le sujet « le soleil et les paysages » est au pluriel, le verbe est donc au pluriel.

se rencontrent

Le sujet « Clément et Lowen » est au pluriel, le verbe est donc au pluriel.

chantent

Le sujet inversé « les oiseaux » est au pluriel, le verbe est donc au pluriel.

parlait

Le sujet « le maire du village » est au singulier, le verbe est donc au singulier.

dépannent

Le sujet « les crayons de la réserve » est au pluriel, le verbe est donc au pluriel.

mangent

Le sujet « Papa et maman » est au pluriel, le verbe est donc au pluriel.

campent

Le sujet inversé « des nomades » est au pluriel, le verbe est donc au pluriel.

aimez

Le sujet « ton frère et toi » peut être remplacé par « vous » = 2e personne du pluriel, le verbe s'accorde donc à la 2e personne du pluriel.

essaye

Le sujet « toute la classe » est au singulier, le verbe est donc au singulier.

remporte

Le sujet « Son équipe » est au singulier, le verbe est donc au singulier.

arriveront

Le sujet inversé « ils » est à la 3e personne du pluriel, le verbe est donc à la 3e personne du pluriel.

achèteras

Le sujet inversé est « tu » = 2e personne du singulier, le verbe s'accorde donc à la 2e personne du singulier.

aident

Le sujet « les feutres et les crayons de couleur » est au pluriel, le verbe est donc au pluriel.

savons

Le sujet « Lui et moi » peut être remplacé par « nous » = la 1re personne du pluriel, le verbe s'accorde donc à la 1re personne du pluriel.

Choisis la forme qui convient et justifie ta réponse.

Les cartables des CM2 semblent vraiment très **lourd / lourds**.

17

Choisis la forme qui convient et justifie ta réponse.

Je trouve que cette machine est de plus en plus **abimé / abimée**.

18

Choisis la forme qui convient et justifie ta réponse.

Shanna et Léna paraissent assez **fatigués / fatiguées**.

19

Choisis la forme qui convient et justifie ta réponse.

Bravo ! Tes affaires sont enfin **rangée / rangées** correctement.

20

Choisis la forme qui convient et justifie ta réponse.

La musique est très **rythmée / rythmé** dans cette chanson.

21

Choisis la forme qui convient et justifie ta réponse.

Léo et Lucien deviennent **inséparables / inséparable** en ce moment.

22

Choisis la forme qui convient et justifie ta réponse.

À midi, les carottes étaient **râpée / râpées** pour accompagner la viande.

23

Choisis la forme qui convient et justifie ta réponse.

Giany et Lorenzo sont **concentré / concentrés** sur leur travail.

24

Choisis la forme qui convient et justifie ta réponse.

Lou et son frère semblent **angoissées / angoissés**.

25

Choisis la forme qui convient et justifie ta réponse.

Ta cousine et ton cousin paraissaient **rassurés / rassuré** de nous voir.

26

Choisis la forme qui convient et justifie ta réponse.

Lilou / Lilou et sa sœur mangent tous les jours à la cantine.

27

Choisis la forme qui convient et justifie ta réponse.

L'équipe / Les joueurs s'échauffe juste devant nous.

28

Choisis la forme qui convient et justifie ta réponse.

Anthéa a une maison où **cohabite / cohabitent** beaucoup d'animaux.

29

Choisis la forme qui convient et justifie ta réponse.

C'est un endroit où Robin et sa femme **aimait / aimaient** venir.

30

Choisis la forme qui convient et justifie ta réponse.

Dans quel collège **souhaites / souhaite** -tu aller l'an prochain ?

31

Choisis la forme qui convient et justifie ta réponse.

Maman aime la ville où se **fabriquent / se fabrique** les meilleurs chocolats

32

rangées

Ce participe passé conjugué avec l'auxiliaire être s'accorde avec le sujet au féminin pluriel « Tes affaires ».

fatiguées

Cet adjectif attribut s'accorde avec le sujet au féminin pluriel « Shanna et Léna ».

abimée

Cet adjectif attribut s'accorde avec le sujet au féminin singulier « cette machine ».

lourds

Cet adjectif attribut s'accorde avec le sujet au masculin pluriel « les cartables des CM2 ».

concentrés

Cet adjectif attribut s'accorde avec le sujet au masculin pluriel « Giany et Lorenzo ».

râpées

Ce participe passé conjugué avec l'auxiliaire être s'accorde avec le sujet au féminin pluriel « les carottes ».

inséparables

Cet adjectif attribut s'accorde avec le sujet au masculin pluriel « Léo et Lucien ».

rythmée

Cet adjectif attribut s'accorde avec le sujet au féminin singulier « La musique ».

L'équipe

Le verbe « s'échauffe » est au singulier, le sujet est donc au singulier.

Lilou et sa sœur

Le verbe « mangent » est au pluriel, le sujet est donc au pluriel.

rassurés

Cet adjectif attribut s'accorde avec le sujet au masculin pluriel « Ta cousine et ton cousin ».

angoissés

Cet adjectif attribut s'accorde avec le sujet au masculin pluriel « Lou et son frère ».

se fabriquent

Le sujet inversé « les meilleurs chocolats » est au pluriel, le verbe est donc au pluriel.

souhaites

Le sujet inversé est « tu » = la 2e personne du singulier, le verbe s'accorde donc à la 2e personne du singulier.

aimaient

Le sujet « Robin et sa femme » est au pluriel, le verbe est donc au pluriel.

cohabitent

Le sujet inversé « beaucoup d'animaux » est au pluriel, le verbe est donc au pluriel.

Choisis la forme qui convient et justifie ta réponse.

Les Américains
le **considère / considèrent**
comme le meilleur.

33

Choisis la forme qui convient et justifie ta réponse.

On la **trouvent / trouve**
tellement belle !

34

Choisis la forme qui convient et justifie ta réponse.

Marius et Maël
me **donneront / donnera**
du fil à retordre.

35

Choisis la forme qui convient et justifie ta réponse.

Avant, je les **regardait / regardais** tous les jours.

36

Choisis la forme qui convient et justifie ta réponse.

Wesley et Alexandra sont
arrivés /arrivées hier soir.

37

Choisis la forme qui convient et justifie ta réponse.

Célia et Chloé
sont **musclés/musclées.**

38

Choisis la forme qui convient et justifie ta réponse.

Les deux amies
sont **fâchées / fâchés** depuis
lundi dernier.

39

Choisis la forme qui convient et justifie ta réponse.

Toute ma famille
viendra /viendront me voir
jouer la finale.

40

Choisis la forme qui convient et justifie ta réponse.

Lowen en **manges / mange**
tous les matins.

41

Choisis la forme qui convient et justifie ta réponse.

Clément et Timéo
se reposent / se repose
sur le canapé.

42

Choisis la forme qui convient et justifie ta réponse.

Les produits surgelés
sentaient / sentait mauvais.

43

Choisis la forme qui convient et justifie ta réponse.

Nathan et son frère
fera / feront la vaisselle
après manger.

44

Choisis la forme qui convient et justifie ta réponse.

Papi nous **fais / fait**
à manger.

45

Choisis la forme qui convient et justifie ta réponse.

Ma sœur et moi
découvrirons / découvriront
la vérité.

46

Choisis la forme qui convient et justifie ta réponse.

Mon nouveau jeu de cartes
est très **abimé / abimées.**

47

Choisis la forme qui convient et justifie ta réponse.

Ses meilleurs amis
le **soutiendra / soutiendront.**

48

✓ **regardais**

Le sujet « je » est
à la 1re personne du singulier,
le verbe est à la 1re personne
du singulier.

✓ **donneront**

Le sujet « Marius et Maël »
est au masculin pluriel,
le verbe est au pluriel.

✓ **trouve**

Le sujet « On » est au singulier,
le verbe est au singulier.

✓ **considèrent**

Le sujet « Les Américains »
est au masculin pluriel,
le verbe est au pluriel.

✓ **viendra**

Le sujet « Toute ma famille » est
au singulier, le verbe
est au singulier.

✓ **fâchées**

Ce participe passé conjugué
avec l'auxiliaire être s'accorde
avec le sujet « Les deux amies »
au féminin pluriel.

✓ **musclées**

Le sujet « Célia et Chloé »
est au féminin pluriel,
l'adjectif attribut
est au féminin pluriel.

✓ **arrivés**

Ce participe passé conjugué
avec l'auxiliaire être s'accorde
avec le sujet « Wesley et
Alexandra » au masculin pluriel.

✓ **feront**

Le sujet « Nathan et son frère »
est au pluriel, le verbe
est au pluriel.

✓ **sentaient**

Le sujet « Les produits surgelés »
est au pluriel, le verbe
est au pluriel.

✓ **se reposent**

Le sujet « Clément et Timéo »
est au pluriel, le verbe
est au pluriel.

✓ **mange**

Le sujet « Lowen »
est au singulier,
le verbe est au singulier.

✓ **soutiendront**

Le sujet « Ses meilleurs amis »
est au pluriel, le verbe
est au pluriel.

✓ **abimé**

Le sujet « Mon nouveau jeu
de cartes » est au masculin
singulier, l'adjectif attribut
est au masculin singulier.

✓ **découvrirons**

Le sujet « Ma sœur et moi »
est à la 3e personne du pluriel,
le verbe est à la 3e personne
du pluriel.

✓ **fait**

Le sujet « Papi »
est au singulier,
le verbe est au singulier.